体能训练理论与方法设计

盖华聪◎著

新华出版社

图书在版编目（CIP）数据

体能训练理论与方法设计 / 盖华聪著 .
-- 北京：新华出版社，2023.9
ISBN 978-7-5166-7022-4

Ⅰ . ①体… Ⅱ . ①盖… Ⅲ . ①体能 – 身体训练
Ⅳ . ① G808.14

中国国家版本馆 CIP 数据核字（2023）第 173678 号

体能训练理论与方法设计

作　　者：盖华聪

责任编辑：李　宇　　　　　　　　　**封面设计：**张秋艳

出版发行：新华出版社

地　　址：北京石景山区京原路 8 号　　**邮　　编：**100040

网　　址：http：// www.xinhuapub.com

经　　销：新华书店、新华出版社天猫旗舰店、京东旗舰店及各大网店

购书热线：010-63077122　　　　　　**中国新闻书店购书热线：**010-63072012

照　　排：守正文化

印　　刷：天津和萱印刷有限公司

成品尺寸：170mm×240mm　　1/16

印　　张：11　　　　　　　　　　　　**字　　数：**197 千字

版　　次：2024 年 1 月第一版　　　　**印　　次：**2024 年 1 月第一次印刷

书　　号：ISBN 978-7-5166-7022-4

定　　价：72.00 元

作者简介

盖华聪，男，汉族，1966年11月出生，籍贯山东生烟台市。硕士研究生，毕业于鲁东大学，一级讲师，现在鲁东大学体育学院任教。主要研究方向为大学生体育教育，先后在西安体育学院学报、鲁东大学学报发表多篇学术论文。

　　随着体育事业的进步，新的理论、知识、技术、训练方式也随之产生，这些使运动员的技术水平有了显著的提升。同时，随着我国社会政治、经济的快速发展，人们的生活、工作节奏的不断加快，人们也意识到，保持健康的体魄和充沛的体能是干好工作和享受生活的前提，于是越来越多的人投入到日常的体育锻炼中来。

　　运动员的竞技能力核心在于体能，同时这也是普通人群保持健康的基石，更重要的是，体能是运动员训练和比赛的基础与前提。为了在训练和比赛中展现卓越的技术，并取得出色的成绩，运动员需要具备出色的体能素质。近几十年来，伴随着对各种有效训练方式的探索，人们将目光聚焦到了体能训练。特别是近十年，体能训练受到了更多的重视，成为各项运动的重要训练内容。为了使运动员能够通过长期系统的体能训练而增强体能素质，提高专业技术技能，就要特别重视对体能训练方法的科学设计。但现代体能训练中存在不重视准备活动与整理活动、徒手训练单调乏味、训练组织与实施方式单一等常见问题，严重影响了体能训练的效果和运动员专项体能的发展。针对这些问题，应从客观实际出发而设计科学化、多元化、新颖化的训练方法，提升运动员参与体能训练的积极性，最终提高训练效果，使运动员具备良好的体能素质。

　　体能训练在运动训练中扮演着重要的角色，它通过合理负荷的动作练习，结合专项需求，实现多重目标：改善运动员的身体形态，提高各器官的机能，全面培养运动素质，并推动运动成绩的提升。体能训练是技术训练和战术训练的基石，它为掌握专业技术和战术，承担高强度训练和激烈比赛提供支持。此外，体能训练还涉及人体众多基础性运动能力，如力量、速度、耐力、柔韧、灵敏等，因此体能训练不仅涉及运动员，经常参加体能训练对普通人进行各项体育活动都大有裨益。基于此，本书从体能训练的概念、体能训练的理论基础和体能测试与评价等角度阐述了现代人体能训练的方法以及体能训练的目的，详细介绍了有关力量素质、速度素质、耐力素质、柔韧素质、灵敏素质这五个具体项目的训练方法，同时还对运动伤病预防措施和应急处理方法进行了介绍。本书以实用为出发点，以期为广大体能训练者、教练员、体育爱好者提供借鉴。

本书第一章为体能训练概述，分别介绍了体能训练的基本概念、体能训练的发展、体能训练的目标与任务、体能训练的基本原则四个方面的内容；第二章为体能训练的理论基础，主要介绍了四个方面的内容，依次是体能训练的生理学基础、体能训练的心理学基础、体能训练的运动学基础、体能训练的营养学基础；第三章为体能的测试与评价，主要介绍了三个方面的内容，依次是体能测试与评价概述、基础体能的测试与评价、运动体能的测试；第四章为体能训练的方法设计，依次介绍了力量素质训练方法设计、速度素质训练方法设计、耐力素质训练方法设计、柔韧素质训练方法设计、灵敏素质训练方法设计五个方面的内容；第五章为运动伤病与防护，主要介绍了两个方面的内容，分别是常见运动伤病与预防、运动损伤的处理。

在撰写本书的过程中，作者得到了许多专家学者的帮助和指导，参考了大量的学术文献，在此表示真诚的感谢！本书内容系统全面，论述条理清晰、深入浅出。

限于作者水平，加之时间仓促，本书难免存在一些疏漏，在此，恳请同行专家和读者朋友批评指正！

盖华聪

2023 年 3 月

目　录

第一章　体能训练概述 ……………………………………………… 1

　第一节　体能训练的基本概念 ……………………………………… 1

　第二节　体能训练的发展 …………………………………………… 5

　第三节　体能训练的目标与任务 ………………………………… 11

　第四节　体能训练的基本原则 …………………………………… 13

第二章　体能训练的理论基础 …………………………………… 25

　第一节　体能训练的生理学基础 ………………………………… 25

　第二节　体能训练的心理学基础 ………………………………… 35

　第三节　体能训练的运动学基础 ………………………………… 42

　第四节　体能训练的营养学基础 ………………………………… 49

第三章　体能的测试与评价 ……………………………………… 59

　第一节　体能测试与评价概述 …………………………………… 59

　第二节　基础体能的测试与评价 ………………………………… 61

　第三节　运动体能的测试 ………………………………………… 69

第四章　体能训练的方法设计 …………………………………… 80

　第一节　力量素质训练方法设计 ………………………………… 80

　第二节　速度素质训练方法设计 ………………………………… 95

　第三节　耐力素质训练方法设计 ……………………………… 107

第四节 柔韧素质训练方法设计 …………………………………… 117

第五节 灵敏素质训练方法设计 …………………………………… 127

第五章 运动伤病与防护………………………………………………… 132

第一节 常见运动伤病与预防 ……………………………………… 132

第二节 运动损伤的处理 …………………………………………… 155

参考文献 …………………………………………………………………… 165

第一章　体能训练概述

随着竞技体育水平的提升和运动训练科学化的深入推进，体能训练成为不可或缺的运动训练要素之一，对运动员取得优异运动成绩产生了越来越重要的作用。良好的体能素质为运动员在训练和比赛中保持稳定且良好的心理状态提供了身体保障，同时也为运动员承受高强度比赛和最大负荷的训练提供了前提条件。此外，良好的体能素质还有助于延长运动寿命、预防疾病、减少运动损伤、增进健康。因此，它在多个方面都起到了重要的物质保障作用。为了保持良好的身体状态和健康水平、保证正常的工作和生活，越来越多的人开始积极投入到体育锻炼中来。本章主要介绍了体能训练概述，从四方面进行了阐述，分别是体能训练的基本概念、体能训练的发展、体能训练的目标与任务和体能训练的基本原则。

第一节　体能训练的基本概念

随着体育运动的发展，新的训练理论和方法的不断涌现，运动员的运动技术水平得以提升。在这个过程中，人们越来越重视"体能"训练。古代人类在与自然界的搏斗中，诸如克服障碍、跳跃、投掷、跑步、攀登、游泳等原始体能活动，已经孕育了现代人类敏捷性、速度、柔韧性、耐力、力量等运动素质的基本特征。随着社会的进步，早在古希腊奥运会时期（公元前 776—前 393 年），就已经出现了专业教练员。在那个时候，人们已经意识到利用举重来增强力量的方法并使用负重练习来培养跳跃能力。随着社会的进步，人们对体能训练的认知日益增加。古希腊医学家苏格拉底认为身体是人进行一切活动的基础，只有通过锻炼才能使身体高效运作，力量与肌肉之美也需要通过锻炼来实现。[①] 同样地，古希腊医学家希波克拉底认为人体的每个部分都具有独特的功能，适当的体能运动可以使这

[①]　杨世勇，熊维志. 健美运动 [M]. 成都：四川科学技术出版社，2018.

些部分更健康、更发达，并延缓其退化。① 此外，1787年，德国学者P.菲劳梅在他的著作《身体形成问题》中详细阐述了身体锻炼的原理。

自20世纪80年代中期以来，我国各竞技运动项目的训练开始越来越注重"体能"训练。这一概念在运动生理学、运动训练学、运动训练实践以及各种体质研究的文献中频繁出现，尽管不同文献对其定义有所差异。在训练中，体能被视为构成运动员竞技能力的一个组成部分。它与智力训练、心理训练、技战术训练一起构成了运动训练的整体。体能训练的目标包括提升运动员有机体的技能、培养一般和专项运动素质、改善身体形态、预防和治疗伤病、促进健康等。

近年来，体能的概念、定义以及对其本质属性和范围的准确性问题一直受到专家学者和训练学科理论界的广泛关注。1992年中国妇女出版社出版的《现代汉语新词典》和1984年上海辞书出版社出版的《体育词典》中都收录了"体能"这一词条，并给出了相似的解释。"体能"指的是人体各器官系统在体育活动中所展现出的能力，它由人体的基本活动能力（如走、跑、跳、投掷、攀登、爬越和支撑等）以及身体素质（如力量、速度、灵敏度、耐力和柔韧性）两个方面组成。这些定义和解释使我们更深入地理解了体能的内涵和重要性。在我国现行的教材《运动训练学》中，专家田麦久、董国珍等将"体能"定义为：运动员在专项运动中所展现的持续运动能力，既包括运动员先天遗传的素质，也包括经过后天训练所形成的能力。根据他们的定义，运动员的体能是指运动员机体基本的运动能力，它是构成运动员竞技能力的重要组成部分。这一定义在理解和描述运动员的体能方面提供了有价值的参考。在广义的定义下，体能包含三方面，即运动素质、身体形态、生理机能这三个方面的状态。运动素质指的是在运动过程中，通过中枢神经系统的控制和肌肉活动所展示出的各种基本运动能力。这些要素共同决定了运动员的体能水平。身体形态指的是人体生长发育状况的各个方面，包括身高、体围、体重、宽度和肌肉的充实程度等外部形态特征，以及心脏大小和肌肉横截面等内部形态特征。身体机能则指人体各个内脏器官的机能状态。

体能概念的不确定性导致了学术观点的多元化。在运动训练学中，涉及体能、

---

① 袁运平，王卫.运动员体能结构与分类体系的研究[J].首都体育学院学报，2003（02）：24-28.

运动素质和适能等术语的定义和解释，国内外存在着多种不同的理解和论述。其中，关于体能的研究有以下几个代表性观点：

赵志英在对体能的研究中提出，"体能"指的是运动员在专项训练和比赛的负荷下，最大限度地调动机体的功能能力来对抗疲劳。从某种程度上理解，这种能力可以称为专项耐力，或者是持续从事专项工作的能力。这一观点为体能的含义提供了一种新的视角。[①]

柳伯力的研究指出，体能是运动员提高运动技战术水平和取得优异成绩所必需的综合身体能力。[②]

熊斗寅的研究表明，体能是一个含义不确定的概念，可以分为小体能和大体能。小体能指的是运动训练中的体能训练和体能项目等；大体能指的是身体的整体能力，包括各项身体素质、身体机能、身体适应能力、身体运动能力。熊斗寅对体能的研究范畴广泛，其中的大体能与运动训练学中的体能概念相近，只是在体能中未充分考虑到身体形态的作用。[③]

田雨普指出，体能作为身体的能力，在主客观方面都有表现。在客观现实中，体能的表现是衡量其优劣的最重要且基本的标准。这种表现主要体现在攀登、悬垂、走、平衡、跳、投掷、跑、爬越、负重等各种生命活动形式中。从人体主观角度来看，经过训练，体能在器官、组织、系统方面达到了一定水平，形成了相对稳定的特征，形成了体能的内在储备。[④]

在对体能概念的研究中，李之文认为，体能指的是经过身体训练获得的人体各器官系统在肌肉活动中所表现出来的能力。这包括身体形态的适应性变化以及力量、耐力、柔韧、速度、灵敏等基本素质。[⑤]

杨世勇及其团队在体能训练学方面的研究指出，体能指的是运动员机体的运动能力，是竞技能力的重要组成部分，也是运动员为提高技战术水平和创造优异成绩所必需的各种身体综合能力。这些能力包括身体形态、身体机能以及运动素

① 赵志英，郑晓鸿.对"体能"的探析 [J].北京体育师范学院学报，1999（01）：44-46.
② 柳伯力，张岩.我国体育竞赛市场发展的状况与存在的问题 [J].成都体育学院学报，1999（04）：4-9.
③ 熊斗寅.浅析"体能"概念 [J].解放军体育学院学报，2000（01）：1-3.
④ 田雨普.体能及相关概念辨析 [J].解放军体育学院学报，2000（01）：4-6.
⑤ 李之文.体能概念探讨 [J].解放军体育学院学报，2001（03）：1-3.

质。其中，运动素质被认为是体能的最重要决定因素，而身体形态和身体机能则构成了形成良好运动素质的基础。①

王保成的观点是，竞技体育中的体能指的是运动员在专项训练和比赛负荷下，通过充分调动有机体各器官系统的能力，以克服疲劳并以高质量完成专项训练和比赛。②

在现代军事体能探索中，孙学川对现代军事体能的解释是军人在各种特殊环境下，必须具备综合生物学能力，以完成长时间、大强度、高标准的军事（战斗）任务。这种能力是一个综合生物学素质，涵盖了生理学、心理学和时间生物学等多学科素质。③

《Keep it 手册》中，钟伯光教授对"适能"的定义涵盖了身体和心理两个方面的适应能力。身体适能，即体适能，分为健康相关的体适能和竞技运动相关的体适能。健康相关的体适能使身体能够应对日常工作、休闲活动和突发事件。而运动相关的体适能则关乎运动员在比赛中的表现和成绩，包括爆发力、速度、耐力、柔韧性和敏捷性等方面。总体而言，体适能涵盖了体能训练中的各项身体素质，旨在取得胜利并创造纪录。

尽管"体能"一词的内涵多样，存在多种不同的理解和表达方式。然而，通过综合以上众多对"体能"的定义，我们认为其至少应明确以下几个要点：首先，体能是通过先天遗传和后天身体训练所获得的；其次，它涵盖了各项运动素质；最后，体能受外界环境的影响。值得一提的是，体能是我国特有的概念，在体育科学实践中融合了古今中外的众多概念和思想，形成了独特的理论体系。

通过对各种学说进行分析与考察，并汲取其共同点，可以给出以下对体能的定义：体能是指人体在形态结构、功能及其调节、物质能量储存和转移等方面所具备的潜在能力，以及与外界环境相结合所展现出来的综合运动能力。体能的大小取决于机体形态结构、系统器官的机能水平、能量物质储备和基础代谢水平等条件。运动素质是体能的主要外在表现形式，在运动过程中表现为力量、速度、

---

① 杨世勇．体能训练学 [M]．成都：四川科学技术出版社，2002.
② 王保成，匡鲁彬，谭朕斌．篮球运动员体能训练的评价指标与指标体系的研究 [J]．中国体育科技，2002（02）：4-5+9.
③ 孙学川．论现代军事体能训练——训练原则、模式及基础体能训练 [J]．解放军体育学院学报，2001（02）：1-5.

耐力、柔韧和灵敏等各种运动能力。运动训练是发展和提高体能的主要手段。

对体能的概念阐述了以下三个层面的观点：首先，体能是潜在能力与外在表现相结合的综合体，其表现受外界环境的影响。换言之，体能的发挥受外界环境因素的影响。其次，体能是人体在形态结构、生理功能和运动素质方面的综合运动能力。最后，体能是通过先天遗传和后天训练途径获得的。总之，以上对体能的概念是根据不同角度的研究需要从体能的内涵出发进行的界定。科学概念是对某一事物或现象的高度概括，而事物本身是不断发展变化的，人们对事物的认识也在逐渐深化。因此，概念并非静止不变的，而是随着事物的发展而发展，体能这一概念也将随着对其认知的深入而不断拓展和赋予新的内涵。

基于对体能的定义及理解，我们可以把体能训练定义为：通过特定的方法和手段，进行专门的身体训练，旨在提高人体各系统的机能和代谢水平，以适应竞技运动的需求。这种训练涵盖了身体形态、身体机能、身体健康和运动素质。

第二节 体能训练的发展

一、体能训练的产生

有证据表明，早在几千年前就曾出现肌肉力量和抗阻训练。公元前 2500 年，许多有关力量竞赛的艺术作品出现在古埃及墓葬的墙壁上。约公元前 1800 年，曾出现小规模的重物投掷比赛。由于战争频发，许多地方都期望建设强大的军队。因此，在古代中国，肌肉力量测试大多为军事服务。

但人们似乎对约公元前 6 世纪古希腊人在体育和竞技运动方面的追求更加熟悉。雅典各个城邦十分重视体育美学，而斯巴达人则因为渴望建设一支强大的军队而重视体育训练。古希腊的男性和女性都要求拥有良好的身体形态。相比于女性，对男性在身体形态方面的要求更高。在男孩 6～7 岁时便被父母送到专门的军事学校，每日的练习项目包括体操、跑步、投掷标枪和铁饼、狩猎等。虽然女性不需要去军事学校，但也要在家接受严格的训练。除此之外，竞技体育也十分受欢迎。例如，首次奥林匹克运动会在公元前 776 年举办，比赛项目包括赛跑、铁饼和标枪、马术、拳击、摔跤和五项全能项目等。希腊有一位名叫米洛（Milo）

的著名大力士，据说他是首位使用渐进性负荷的人。有相关记载表明，米洛（Milo）在运动训练中每天都会在肩上扛一头小牛，随着小牛渐渐长大，重量超过 1000 斤的母牛也能被他举起并绕着奥林匹亚体育场走上一圈。据考证，最早的健美比赛在斯巴达举行。经体格鉴定，体格有缺陷的斯巴达男性会受到惩处。出于军事目的，力量训练在罗马帝国得到进一步发展。但在罗马帝国灭亡后，宗教强烈反对体育训练，导致在此后的 1000 多年早期体能训练没有什么发展。

身体训练或身体练习是当代体能训练这一概念产生的源头。追溯早期的身体训练研究，1787 年，德国学者菲劳梅发表了最早的体能训练书籍——《身体训练问题》，从此身体训练开始进入人们的视野。法国学者格拉朗热将生理学与运动训练紧密结合，探索了不同年龄段人体的生理变化与运动实践之间的关系。这在他于 1883 年发表的名为《不同年龄身体练习的生理学》的著作中有所体现。

"体能"在我国出现得较晚，最早被收录于早期出版的《体育词典》和《现代汉语词典》中，这两本词典对其进行了相似的解释：指在体育活动中，展现出人体各器官系统的机体能力，包括柔韧、灵敏、力量等基本的身体素质以及跳、跑、走等基础行动能力。

二、体能训练的发展历程

（一）文艺复兴时期的发展

文艺复兴时期，肌肉力量等相关训练的发展就引起了众多科学家和医学家的关注，极大地推动了力量训练的发展。法国著名作家蒙田在他的相关著作中描述了其父亲通过力量训练获得的益处。德国教育学家阿希姆·卡梅里乌斯撰写相关文章阐述了负重训练如何促进身体健康和运动表现。人们对人体（适应抗阻训练）的认识在极大程度上得益于解剖学的快速发展。其中，《人体构造》一书的意义十分重大，其作者伯纳德·齐格弗里德·阿尔比努斯（Bernard Siegfried Albinus，1697—1770）也在其他的著作中对骨骼肌系统做了介绍。这些著作帮助人们了解和认识了人体解剖学，并帮助人们清楚地认识到体育运动对身体各方面的影响。

（二）19 世纪的发展

19 世纪体能训练逐渐得到普及，体育这一学科迅速发展起来。几位美国教育家采纳了德国和瑞典的体育教育家的想法与理念。有一些包括体操训练项目在内的严格的体育训练，也有一些训练融入了徒手抗阻训练、健美操、柔韧性训练、竞技运动等多个运动项目。更令人吃惊的是，在课程体系中如药球（类似的器械在古希腊时期就已被使用）、绳子、哑铃、棍棒等抗阻训练器材被广泛运用在各种训练之中。哈佛大学的达德利·艾伦·萨金特（Dudley Sargent，1849—1924）医生发明了多种健身器材并且首创纵跳测试法，对机体的无氧工作能力进行测试。19世纪中叶至20世纪初被称为大力士时代，是最有影响力的早期阶段之一。在此阶段，人们意识到肌力和体型可以被塑造和改变，于是在欧洲和北美等地大量开展娱乐和商业化的肌力表演。这些人大多是健壮人士，他们毫无保留地向人们展示自己健硕的肌肉。其中几位开创性的力量型运动员极大地帮助了一些阻抗训练的设计与实施。例如，乔治·巴克·温德希普（George Barker Windship）医生命名了健康举（硬拉动作范围的一部分）。被称为"伟大的阿波罗"的路易斯·尤尼（Louis Uni，1862—1928）有着惊人的力量，单臂可抓举80～90千克的重物并使用类似于现今的粗杠进行训练。路德维希·杜拉彻（ALudwig Durlacher，1844—1924），也被称为Attila教授，曾声称自己发明、改造了包括罗马椅在内的多种训练器械。摔跤冠军乔治·哈肯施密特（George Hackenschmidt，1877—1968）声称自己发明了哈克深蹲（Hack Squat）。

（三）20世纪的发展

1913年，美国墨菲编著《体育训练》一书，发表了关于一般运动训练理论的初步研究成果。但早期有关训练科学的研究一直集中在单项实践经验上。直至20世纪50年代，才开始揭示运动训练的普遍规律。1962年11月，"社会主义国家运动训练问题国际科学方法讨论会"在莫斯科举行，会上集中展示了相关的研究成果。其中，《现代运动训练体系》（苏·奥卓林）、《运动训练的远景规划》（苏·纳巴特尼柯娃）、《运动训练的分期问题》（苏·马特维也夫）等构成了运动训练学理论的主体框架。而《运动训练的生物化学基础》（苏·雅可夫列夫）、《运动训练的生理学问题》（苏·法尔费里）等则重点关注运动训练学与其他学科之间的联系。这次会议意义非凡，为运动训练学系统的构建奠定了理论基础。1964年，"国际体能测试标准化委员会"成立，在东京奥运会期间，制定了一系列相关的体能测试，这一举措为体能的可量化奠定了基础。基于这一框架，人们提出了体能的十大要素，包括心肺耐力、平衡性、防卫能力、技巧性、肌肉爆发力、速度、敏捷性、协调性、柔韧性以及肌肉力量。十大因素的提出使人们对体能概念的认识更加清晰。1995年，哈特曼（Hartmann）又从运动过程中的能量消耗及力量特性两个不同方面来重新认识体能，认为体能是依靠骨骼肌系统、人体三大供能系统（磷酸原、糖酵解、有氧氧化）的能量代谢活动为基础表现出来的一种运动能力。

（四）21世纪的发展

21世纪以来，体能训练发展突飞猛进，不仅向更广阔的领域拓展，而且向更深层次探索。为了更好地普及体能训练的理念与方法，2004年，现任美国EXOS体能训练机构的首席董事马克·沃斯特根出版了《核心耐力》一书，其发行后销量跃居亚马逊排行榜前23名，后来又陆续出版了《核心耐力的基本要素》《核心能力—高尔夫》等专业书籍。其先进的训练理念赢得好评，一些国际知名运动员纷纷到马克·沃斯特根创办的API训练基地进行训练。在休赛期、季前和季中期，几乎所有的运动员都会进行系统的体能训练。现代体能训练内容涵盖了智力、心理、技术、身体、战术等五个方面。这些训练领域的综合发展可以帮助个人全面提升自身的体能水平和综合素质。

三、体能训练在我国的发展历程

（一）理论引进阶段

20世纪90年代，我国竞技体育开始重视体能训练，然而对于体能训练的认识还相对模糊，缺乏必要的理论支撑。在理论上，对体能训练的认知不够清晰。在实践方面主要以田径、举重等运动为基础，大部分体能教练都来自这些项目，导致训练方法相对单一，主要集中在速度和力量训练上。由于缺乏系统性，整体上还没有形成完善的体能训练体系。

为了提高我国备战北京奥运会的训练水平，国家体育总局策划了多期高水平教练员和体育专业人才的培训交流计划，他们前往德国、俄罗斯、法国等国家接受培训。通过这些培训，国家队从这些国家引进了许多新的训练理念、方法和技术，并将其应用到备战重大比赛的训练中。同时，他们开始采用可量化的方法对训练过程进行质量监控。特别是美国、德国等国家的体能训练理论和方法，引起了我国竞技体育领域科研人员和教练员的浓厚兴趣，促使他们对现代训练和体能训练有了新的认识和思考。这些交流和经验的积累对于我国备战北京奥运会的科学化训练起到了积极的推动作用，同时也为我国竞技体育的发展提供了宝贵的参考和启示。

自 2001 年起，我国水上项目在备战雅典奥运会期间经历了一场变革。受到曾凡辉教授的启发，我国提出了"自主力量训练"的全新理念，即利用自身体重和轻量器械进行身体训练。随后，袁守龙博士组织翻译并出版了《高水平竞技体能训练》一书，这是我国最早介绍功能训练的翻译著作。该书的出版标志着我国对体能训练的重视程度不断提升，开始借鉴国际先进理论，逐步完善我国竞技体育的训练体系。同时，不同运动项目专项的体能训练受到教练员、运动员和科研人员的日益重视。为提高训练水平，他们开始尝试引进国外理论研究成果和实践训练方法。值得一提的是，北京市体育科学研究所的闫琪博士组织翻译并出版了《游泳专项体能训练》一书，为我国运动项目专项体能训练的理论研究与实践应用奠定了基础。随后，体能训练逐渐受到更多关注，迅速发展。[1]这些创新举措和进步为我国竞技体育的发展奠定了坚实基础，并推动了体能训练在国内的普及与发展。

（二）学习消化阶段

2004 年开始，国家体育总局科教司邀请了美国体能协会（NSCA）的专家举办了 4 期美国国家体能协会认证的体能训练专家培训活动。在此期间，一大批年轻的教练员和科研人员积极参加培训，取得了不错的培训成绩，十余位科研人员和教练员成功通过考试，获得了国际体能教练资格认证证书，成为我国首批认证人员。为推动体能训练的发展，在国家体育总局人事司、科教司和竞体司的指导下，干部培训中心组织了首批 20 多人的"国家级教练员赴美体能训练培训班"。他们在美国进行了为期 21 天的全面学习，包括访问美国体能协会和马里兰大学等机构。这次培训是我国首次全面接触美国的体能训练，旨在提升我国教练员的专业水平，引入国际先进的体能训练理念和方法，推动我国体能训练事业的发展。

---

① 高炳宏.我国现代体能训练的现状、问题与发展路径 [J].体育学研究，2019，2（02）：73-81.

自那时起，每年体育总局都会派遣 1～2 批教练员和科研人员前往美国或其他体育强国进行学习。这一举措为国内培养了一批从事体能训练研究的学者，他们将全新的科学体能训练理念引入各支国家队。这一系列工作逐步打开了我国竞技体育领域国际体能训练的窗口，推动了我国现代体能训练从注重抗阻训练转向训练手段多样化、实用性提升的进程。这一发展势头为我国的竞技体育带来了新的活力，加强了我国与国际体能训练领域的交流与合作，进一步提升了我国竞技体育的水平和竞争力。

通过学习与交流，我国逐步引入了大量国外先进的体能训练手段与方法以及训练理论成果。例如，功能性训练、悬吊训练、核心力量训练、康复性体能训练、振动训练等新颖的训练理论与方法。这些理论和方法已经被各项目的国家队和地方队的教练员、科研人员广泛学习应用。这种知识的引进丰富了我们的体能训练工具库，为运动员提供了更多训练选择，也提升了训练效果的优化可能性。

（三）吸收应用阶段

在此时期，我国的体能训练逐渐形成了一套以核心力量、动作模式、功能训练和动力链等新概念为基础的理论框架和核心要素。这些新概念对于理解和实践现代体能训练至关重要。基于这些概念，提出了本土化概念——"身体运动功能训练"，作为对现代体能训练的理解和实践的重要补充。在实践中，对于运动员在奥运会和全运会备战方面的支持，体能训练提供了卓越的帮助，包括专项能力的提升、伤病的预防和控制，以及在奥运会和全运会上取得金牌和银牌等成就。在体能训练的发展方面，北京市体育科学研究所在国内率先建立了"功能性体能训练实验室"和"科学体能训练研究团队"，并举办了"体能训练专家论坛"。上海体育科学研究所成立了"自行车专项体能训练实验室"，并举办了"国际运动训练创新论坛"。此外，山东省体育科学研究所、广东省体育局和北京体育大学等机构也相继设立了与体能训练相关的研究室或实验室，并取得了显著的成就。这些举措和成果推动了我国体能训练领域的发展和进步。

综上所述，这是一个重要的时期，在这个时期里，我国竞技体育通过与现代国际体能训练理论相融合，全面系统地认识并学习了相关方法，借鉴先进理念，对于我国竞技体育的发展具有重要的推动作用。

（四）蓬勃发展与创新阶段

自体能训练理论传入我国后，其主要服务对象是优秀运动员，帮助他们备战奥运会及国内外的重要比赛。尤其在 2012 年奥运会之后，现代体能训练的概念在我国广大竞技体育工作者中得到广泛认知和认可，并在理论研究和实践应用方面取得了显著成果。在发展过程中，体能训练逐渐形成了"本土化，多元化"的特点，这为我国体育事业注入了新动力，也为我国运动员在国际赛场上取得优异成绩提供了有力支持。这一发展趋势对于我国体育的全面进步具有重要意义，同时也使体能训练在全民健康、儿童青少年、老年人康复和特殊人群等领域得到拓展与应用，展现出良好的发展态势。伴随着时代的不断发展和进步，体能训练的应用领域也越来越广阔，并发挥着其应有的作用。

第三节　体能训练的目标与任务

体能训练在运动训练中扮演着重要角色，其目标是通过合理负荷的练习，改善运动员身体形态，提升机体各器官系统的功能，全面培养运动素质，促进运动成绩的提高。体能训练是技术训练和战术训练的基础，对于掌握专项技术、应对高强度训练和激烈比赛，保障运动员身体健康、预防伤病、延长运动寿命等方面至关重要。因此，体能训练的目标和任务涵盖以下几个方面。

一、促进身体健康

健康是每个人的正常生活的基础。健康对于运动员而言，是系统训练的必要条件，更是其从事训练的根本保障。体能训练也能帮助运动员克服人体生物惰性，促进新陈代谢，可以增强运动员对外界环境的适应能力和提高对疾病的抵抗能力，从而有效地提升身体素质。这种训练不仅有助于改善运动员的心血管系统和呼吸系统等内脏器官的功能，同时还能增强肌肉、韧带、骨骼、肌腱等运动器官的功能。此外，体能训练还能明显改善中枢神经系统的功能。

二、发展竞技能力

运动员的竞技能力主要包括运动智能、机能、心理能力、体能和战术能力等多个方面。这些能力在专项竞技中综合发挥作用，共同构成了运动员的参赛能力。在竞技活动中，运动员的三种基本运动素质，即力量、速度和耐力，体现了该运动员的竞技能力。同时，人体的技能状态、形态，以及速度、力量、耐力三者之间的相互组合运动呈现出的运动发展能力，是运动员运动素质能力的决定因素。这些运动素质的提高直接受人体形态和机能状态的影响，是决定运动素质水平的基础条件。为了在比赛中取得卓越成绩，必须充分发掘人体运动能力的潜力，最大程度地发展和提高协调能力、灵敏性和柔韧性、耐力、速度、力量以及等各种运动素质。通过科学的体能训练，运动员可以提升身体素质，增强肌肉力量和爆发力，提高运动速度和快速反应能力，增强耐力和持久力，同时培养柔韧性、灵敏性和协调性等关键能力，体能训练则是实现这一目标的主要途径。因此，体能训练对于实现优异成绩具有重要意义，为运动员全面发展运动素质提供了有力支持。

三、保证机体适应大负荷运动训练

通过大负荷的运动训练，长期对有机体进行生物学改造，运动员能够熟练地掌握所属运动领域项目的战术与技术，才能在竞争激烈且频繁的现代竞技运动中，取得比赛的胜利。人类拥有强大的环境适应能力，外界施加于人体的负荷能够引起人体功能的调整，使其更好地适应外界负荷，这便是人体对训练负荷的生物适应现象。在负荷保持在一定范围内的情况下，人体会产生一系列应激和相应变化，并且这些变化会保持在适度的范围内。在这种情况下，负荷的增加会加深对机体的刺激，引发更强烈的应激反应，并导致更明显的机体变化，从而促进竞技能力的提高速度。因此，通过适当增加训练负荷，可以加强人体的应激反应，促使机体产生更显著的适应性变化，进而提升人体的竞技能力。

四、促进专项竞技水平的提高

训练目标的专一性和实现途径的多元性是现代运动训练的基本特点之一，每名运动员的训练项目和目的各不相同，但终极目标是一致的，即在所属的领域取得良好的成绩并在比赛中取得胜利。不同的运动项目需要的技术技巧有所不同，因而对运动员的要求也各不相同，这就要求对不同的运动项目、不同的运动员区别对待、因材施教。但对于运动员而言，从事专项竞技运动需要身体各项机体器官的系统发展，体能训练就是实现各器官系统协调发展的训练过程，因此，体能训练必不可少。只有在充分发展各项运动素质的基础上，认真分析各种训练内容和手段，并通过选取更适合该项目和运动员的训练手段，从而提高对该项运动能力的作用和运动员的成绩，才能更好地掌握复杂的、先进的动作技术，创造优异成绩，延长运动寿命。

体能是运动员竞技能力的基础，通过运动员的身体形态、身体机能和运动素质的表现来体现。体能的重要性在于它为技能和心理能力提供了坚实的基础，没有充分发展的体能，技能将变得无根无源，心理能力也将无所依从，竞技能力也就无从谈起。实践已经充分证明，杰出的运动成绩建立在丰富的运动素质发展水平、机体形态的变化以及高度发达的机能水平的基础上。体能训练对身体形态的深入改变和机体发展水平的提高将延缓衰退速度并延长保持时间。这对专项技术和战术的发挥和保持时间有着积极的影响，同时也能减缓运动水平的衰退速度，使运动员能够更长时间地保持高水平的竞技能力。因此，注重体能训练对于运动员的竞技生涯至关重要。

第四节 体能训练的基本原则

一、科学性原则

科学训练对培养选手至关重要。训练方法科学，运动竞技能力就能迅速提高，成才率就高；训练缺乏科学性，运动竞技能力便会提高缓慢，成才率就低。科学地安排体能训练，至少要处理好两个方面的关系。

一是身体与体能发展敏感期的关系。掌握和遵循体能发展敏感期的规律，对于体能训练能够取得良好效果起到了强力的支撑作用。对于各项能力，如协调、耐力、速度、灵敏、力量等方面体能都有其发展的敏感时期，训练内容要围绕各种素质发展的最佳时期。有目的、有重点的安排，例如少年儿童的体能训练，重点是发展柔韧性、协调性、灵敏性和速度素质，应避免大力量和高强度的耐力素质训练；青年时期的体能训练，可重点发展力量和耐力。根据身体训练和体能发展敏感期规律，科学地选择训练方法、训练手段，有针对性地为不同选手安排不同时期和不同训练层次的体能训练，使训练更具科学性、逻辑性、针对性和实用性，有利于收到良好的训练效果。

二是身体训练与负荷的关系。科学合理地安排运动负荷，对运动员在训练中取得良好效果，提高运动水平起到关键作用。运动负荷是指个体在进行训练和比赛时所面临的生理负荷的程度和量度，反映了身体在运动活动中所承受的压力和负担。它由运动强度、时间和次数等关键因素组成，并受动作质量的影响。运动中动作质量好，负荷就大；动作质量差，运动负荷就小。负荷量大的训练能够显著提高人体技能水平，机体对负荷量大的训练能够产生明显的"刺激痕迹"。

根据人体能提高呈波浪形上升的运动规律，体能训练中的运动负荷量循序渐进地加大，经过一段时间的巩固，待身体适应了这种负荷量后再逐步加大。具体负荷量的安排应大、中、小合理交替安排。衡量负荷量的适宜标准是身体在一定的疲劳情况下，仍然处于适度的兴奋状态，从而不断提高和扩大竞技能力。在一般训练期，体能训练采用数量多、密度小的形式进行；在比赛前期，则采用练习时间短、数量少、密度大的形式。

二、特异性原则

（一）含义

特异性是指要获得专门竞技需要（训练适应），必须对所要进行的训练活动的类型以及练习的量、强度进行有高度匹配的专门性计划、安排并去实施的训练原则，即"要什么，就练什么"，也被称为专门性、专一性等。

例如，为了提高肌肉力量，铅球运动员不会强调长跑或慢速、低强度的阻力训练。铅球运动员需要增强爆发力。同样，马拉松运动员也不会专注于短跑训练。这可能就是为什么进行力量训练的运动员，比如举重运动员，往往有很大的力量，但与未经训练的人相比，有氧耐力没有高度发展的原因。根据特异性原则，运动适应性针对训练方式、强度和持续时间；为了达到特定的训练适应和目标，训练计划必须强调生理系统，这对于在某项运动中取得最佳表现至关重要。

训练特异性的英文缩写为"SAID"（人体对所施加负荷的特定适应，specific

adaptations to imposed demands），它是训练的一个基本原则，即为了提高身体素质的某个特定部分，一个人必须在训练中着重训练它。为了实现特定的训练适应，训练计划必须强调用于执行特定活动的生理系统。

为了优化与表现相关的生理系统，特异性存在三个组成部分：技能特异性、肌群特异性、能量系统特异性。

通常，运动员和教练将特异性的定义解释为在所有训练课程中根据运动模式和速度来复制表现的要求。的确，有很多例子表明教练和运动员认为训练的唯一方式就是比赛速度，因为那是他们必须专门学会应付的速度。当考虑那些导致适应的刺激，使个体最好地应对"目标"活动的生理需求时，特异性是最好的解决方法。因此，没有单一的强度、持续时间或频率来让个人为某项运动或事件的所有生理需求做好准备。因此，训练总是需要一系列的强度和持续时间。训练处方的要素是特定于个人和他（她）目前的条件作用水平。此外，以交叉训练形式进行的补充训练，可以增强适应性反应，避免过度使用造成的潜在伤害和可能导致表现不佳的过度训练。

与训练适应相关的基础生理学知识对于理解特异性至关重要。这一基础生理学知识也将有助于理解训练刺激可能导致的二级甚至三级适应。

（二）科学基础

运动训练的特异性是指代谢和生理功能的适应，依赖于负荷的类型和模式。特定的无氧运动所产生的压力会诱发特定的力量，这便是力量适应的表现。当身体处于运动压力之下，会诱发特定的有氧系统与所承受的压力相适应。尽管如此，特异性原则已经超出了这一广泛的界限。例如，有氧训练并不代表只需要心血管负荷的单一实体。有氧训练依靠特定的肌肉达到预期的效果，有效地提高游泳、骑自行车、跑步或上半身锻炼的有氧健身效果。

当实验室测量最接近真实的运动和（或）使用运动所需的肌肉质量和运动模式时，才能对运动特有的表现进行有效的评估。简单地说，特定的练习能激发特定的适应，从而促进特定的训练效果。换一种容易记住的方法：特异性是指对强加要求的特定适应。

为了开发特定的健身方案模块，必须执行专门为该模块设计的练习，这就是特异性原则。例如，重量训练可以增强肌肉力量，但对心肺耐力或柔韧性的培养效果较差。特异性也适用于技能相关的健身组成部分（要提高网球技术，必须练习网球）和身体的不同部位（要拥有更强壮的手臂，必须锻炼手部力量）。一个全面的锻炼计划包括锻炼身体的各个部分、身体的不同部位，以及特定的活动或运动。

以特定的速度进行特定的动作可以发展出一种独特的技能，换句话说，没有一般意义的协调性、敏捷性、平衡性和准确性，只有特殊意义的协调性、敏捷性、平衡性和准确性。例如，滑雪时需要的平衡与单脚站立或在滑板上做特技时需要的平衡是不同的。

每个运动员都需要自己的特殊训练，唯有特定的刺激才能导致特定的适应。如果刺激被减少或移除，在每个生物系统中，个体都有一种还原到最低"能量状态"的趋势，这在很大程度上是预先编程的。换句话说，它依赖于遗传，而这种状态是人类进化的结果。在远古时代，人类进化成狩猎者和采集者，在食物供应不足的时候有发达的系统来保护有机体。肌肉是非常消耗能量的，所以肌肉的发展应该有一个限制超出了正常功能的需要。生物的基因型是遗传能力的结果，遗传能力进一步受到环境压力的影响。消除环境压力，生物体将恢复到"类型"（即基因型）。

因此，基因"预编程"可能意味着，在 25 岁时，如果没有经过任何训练，最大摄氧量可能是 60 毫升 /（千克·分）；通过训练，最大摄氧量可以提高 20%。去除训练后，基因型恢复到 60 毫升 /（千克·分）。因此，要保持给定的训练状态，就需要经常应用产生这种状态的刺激。

（三）应用要求

1. 针对性

根据特异性原理，适应性是针对性的训练肌肉，依据的是运动能力需求，练习的要素是运动强度、运动能量代谢方式以及训练动作的关节角度。

例如，如果训练计划的目标是最大限度地增加力量，那么进行低强度、大运动量的锻炼就不适合这个特定计划的目标。同样地，一个人在准备马拉松时也不会把注意力完全集中在短跑上。阻力训练通常是运动体能训练的一部分，其主要目的是提高运动成绩。为了使力量的增加对运动成绩产生积极的影响，训练计划必须对运动有较高的影响。除了运动的实际练习，没有任何训练计划是 100% 适合的。此外，所选的练习需要对运动的神经肌肉协调提出要求，类似于在比赛时施加的要求。例如，像举重这种多关节运动练习需要全身肌肉的协调配合，才能将杠铃举过头顶。这种练习类似于篮球运动中的具体动作，如跳起抢篮板球，或者在防守者的旁边试图得分。

2. 融入训练计划

为了明确并符合事件的要求，训练计划必须从确定目标开始。例如，一个参加了训练计划的 50 岁男性想要在当地 10 千米赛跑中突破 60 分钟，他的训练计划与一个 16 岁的高中生参加 400 米和 800 米长跑的训练计划就非常不同。

目标确定后，估计主要能源系统的相对贡献百分比。对于上述 50 岁的男性来说在他 60 分钟 10 千米的跑步中，大约 98% 的能量来自于氧气系统，剩下的 2% 来自于由三磷酸腺苷（ATP）和肌酸磷酸（CP）组成磷酸原系统（ATP-CP）和乳酸（LA）系统。即使一个人的时间比 60 分钟慢得多或快得多，这些百分比变化也很小。因此，这个人的训练方案应该强调氧化系统；对于高中生长跑运动员来说，情况就不一样了。制订训练计划需要知道这一年龄段的学生长跑时一般所耗费的时间。

对于所有运动员来说，有氧基础并不需要通过长跑来获得。其他项目，如间歇运动，可能更适合基本无氧的运动，如足球。这样的基础应在一般准备阶段实现。这个基础为运动员更激烈和专业的无氧运动训练做准备，并帮助从无氧工作中恢复。为改善代谢而进行的最专门的训练应在专门的准备阶段进行。

对于那些不能用时间来衡量成绩的运动（如篮球、足球、垒球、网球和排球），必须分析这项运动的各个组成部分，以确定哪个能量系统支持它。在所有的情况下，训练的设计应该强调能量系统最重要的一个特定的运动或运动中的位置。

特异性也适用于主要的肌肉群和所涉及的运动模式。大多数生物化学训练适应只发生在肌肉中反复训练的方式。因此，一个想成为铁人三项运动员的人如果在他（她）的项目中强调骑自行车和跑步，但在游泳上花的时间很少，那么在双人全能比赛中就会更成功（就个人潜力而言）。

三、个性化原则

（一）含义

个性化原则指的是人们对特定的训练刺激产生不同的反应。训练反应的可变性可能受到训练前状态、遗传倾向和性别等因素的影响。

训练中的个性化是当代训练的主要要求之一，它指的是每个运动员，不论成绩高低，根据其能力、潜力、学习特点和运动的特殊性进行个性化对待。应根据运动员的生理、心理特点塑造整个训练理念，使训练目标自然提高。并非所有的个体对特定的训练刺激都有相似的反应。例如，一个人在训练开始时的健康状况会影响训练的最终效果。当组织一组人员进行训练时，不能期望这些人员中的每一个人都能在几周后呈现出相同的运动表现，教练员也不应该让同一队伍中的每一个运动员都按照相同的训练方式、训练强度进行训练。只有充分考虑每个运动员的能力与自身特点，对他们进行有针对性的指导和要求，才能实现最佳的训练效果。

（二）科学基础

遗传因素对训练反应和适应有很大影响。许多优秀的健美运动员公开了他们的训练计划，有抱负的健美运动员便尝试去做这些训练，希望能达到同样的效果。遗憾的是，他们训练的结果往往远远达不到预期的结果。虽然可能有许多因素与他们的失败有关，但最主要的因素最有可能是人们对相似的训练刺激的反应的巨大差异。

个性化原则不是每个人都具有相同的内在能力来对一次剧烈的运动比赛作出反应，或相同的能力来适应运动训练。遗传在决定身体对一次运动的反应以及训练计划所产生的慢性变化方面起着重要作用，这就是个性化原则。除了同卵双胞胎，没有两个人有完全相同的基因特征，所以个体不可能表现出相同的反应。细胞生长速率、新陈代谢、心血管和呼吸调节、神经和内分泌调节的变化会导致巨大的个体差异。这种个体差异很可能解释了为什么有些人在参加一个特定的项目后表现出很大的进步（"高反应者"），而另一些人在参加同样的项目后几乎没有改变（"低反应者"）。由于这些原因，任何培训计划都必须考虑到为其设计的个人的特殊需求和能力。不要期望所有的人都有完全相同的进步，即使他们训练的方式完全一样。

（三）应用要求

个性化不应仅仅被视为个人技术修正的一种方法，也不应被视为个人在某一项目或某一团队中位置的专门化，而应被视为对运动员客观的评价和主观的观察进行的一种手段。教练应该意识到运动员的训练需求，最大化他（她）的能力。

很多时候，有的教练在训练中采用一种不科学的方法，完全按照成功运动员的训练计划进行训练，完全不考虑运动员的个性、经验和能力。更糟糕的是，这样的课程有时会被纳入初级运动员的培训计划中。这些运动员在生理和心理上都不适合参加这些高级项目，特别是强度部分。如果适当考虑某些因素，那么教练在训练中的有效性可以最大化，因此，教练需要对运动员的工作能力和人格发展进行全面分析，这是确定运动员最大努力容忍度的必要条件，这样教练才能在训练中相应地计划好负荷。

性别、年龄、身体状况是个性化原则应用中需要考虑的。每个人的所能取得的运动能力取决于以下几个因素。

1. 生理状况与实际年龄

教练应考虑学员的生理状况与实际年龄，特别是身体尚未成熟的儿童和少年。与成年运动员相比，他们的训练应该强度适中，并且他们训练应该具有更加宽泛的标准以及多样化的形式。青少年正处于身体发育的关键时期，相比于高强度、重负荷的训练模式，他们能容易接受适中强度的训练模式。而且高强度、重负荷的训练会对其身体结构产生不利影响，尤其表现在骨骼、韧带、肌肉等方面。

2. 经验或参加体育运动的开始年龄

对运动员的训练要求应充分考虑到他们所具备的经验。虽然有些运动员的进步速度不同，但教练仍需谨慎对待所承担的负荷。同样，当不同背景和经历的运动员被分配到同一个组训练时，教练不应该低估他们的个性和潜力。

3. 个人工作能力和表现

并不是所有有相同表现能力的运动员都有相同的工作能力，因此要根据运动员的实际情况进行体能训练的调整。

4. 培训和健康状况

训练状态决定了训练的内容、负荷和等级。同一水平的运动员在力量、速度、耐力发展和技能方面有不同的水平，这种不同证明了训练中个性化的需要。此外，强烈建议生病或发生事故的运动员个性化。因此，健康状况也决定了训练能力的极限。教练应该知道这些限制，只有教练和生理学家或医生的密切合作才能解决这些问题。

5. 额外投入与运动员的恢复

当计划和评价训练中的工作时，还有训练之外的其他考虑因素可能对运动员有很高的要求。对于学校活动、工作事项、家庭事务的额外投入，以及去往培训场所的路程消耗，都会对培训期间身心状态的恢复产生影响。

6. 运动员的体质和神经系统类型

这对培训负荷和性能能力都有重要作用。个人特征可以通过适当的测试来确定，为此教练可以寻求相关专家的帮助。同样，教练也要研究和观察运动员在训练、比赛甚至社会活动中的行为。在学校或工作场所，或与家人和朋友的行为也可以为教练提供重要信息。在分析运动员行为方面，教练应该寻求生理学家和心理学家的科学帮助。

四、超负荷原则

（一）含义

超负荷原则指的是必须进行超过正常数量（超载）的体育活动，以获得身体健康改善的基本原则。超负荷原则也称超载原则。我国学者更多的称超负荷为适宜负荷。应当说，超负荷也是一种适应负荷。超负荷一般实际荷载超出了我们主观能承受的范围，但我们可以坚持。因此超负荷的概念具有主观含义。正因如此，才具有指导实践的作用。

（二）科学基础

超负荷原则的基础是为了适应训练的发生，肌肉或生理成分的训练必须在一个不习惯的水平。例如，肌肉要获得最大的力量，即力量收益的最大化，那么肌肉就需要刺激的阻力强度高。力量练习一般要求的是3～5次重复的运动强度，如果超过了这个重复次数，那么力量增益可能不会最大化。比如，马拉松运动员如果训练的目标是为了使有氧能力最大化以跑得更快，那么训练强度必须接近或达到个人的无氧阈值，这可以用个人最大心率的百分比来表示。如果训练强度不够，没有达到要求的范围，那么可能导致提高有氧能力的生理适应就不会发生。

超负荷也是指训练刺激的强度和持续时间。运动训练必须有足够的强度和持续时间，才能激活适应机制，引起结构、生理、神经、心理和内分泌功能的改变。一方面，如果训练对身体没有足够的压力，就不会发生适应；另一方面，过高的压力会导致受伤或过度训练，因此，任何新的负荷增加之后都应该有一个卸载阶段，在此期间让身体放松，适应和准备新的增加的负荷。

（三）应用要求

1. 运动负荷高于正常值

有计划且适量地增加训练负荷，可以达到强化生理功能、提升训练水平的效果。强度高于正常的训练，可以提高训练所适应的训练强度的上限，强化身体功能。训练的过程中，应达到适当的训练负荷的要求，保持一定的训练频率与持续时间，找准训练过程中的重点环节。

个性化、渐进式的超负荷的训练理念适用于运动员、久坐人群、残疾群体、甚至是心脏病患者、越来越多的人采取适当的运动模式来进行身体恢复、日常锻炼以及专业比赛。要想从定期的体育活动中获得益处，需要选取适当的运动强度进行体育锻炼。

代谢系统超负荷通常通过两种方式实现，一是通过控制时间和距离，二是通过监测乳酸水平并相应地调整工作强度。最大摄氧量虽然是一种衡量有氧力量和量化训练负荷的方法，但更多的是心血管而不是代谢变量。

2. 动态运用超负荷

超负荷是相对的，在某一阶段可能是超负荷，经过一段时间的训练后，人体适应了该负荷，那么这一负荷就不是超负荷了。训练中要不断地调整负荷，以适应人体新的状态。这就是后面要讨论的渐增负荷了。

五、渐增负荷原则

（一）含义

渐增负荷是指经过一段时间的训练后在原有最佳负荷的基础上，增加负荷继续进行新阶段的训练，训练不断重复，负荷随之不断增加的训练原则。

在训练过程中，随相对强度或训练量的变化，人体会发生适应的改变。为了保持相同的绝对训练刺激（如训练的强度或量），外部阻力需要不断地修改。

举个例子，如果一个运动处方要求一个人做4组8～10次的坐练习，目标是让这个人的运动具有至少8次，但不超过10次的阻力。在训练开始时，这个人可以蹲起135lb（约61kg），第一组重复10次，第二组重复9次，第三组和第四组都重复8次。几周后，这个人在四组训练中重复做了10次135lb（约61kg）的动作，显然，这个人变得更强壮了。为了最大限度地增加力量，需要在下一次锻炼中增加阻力可能增加到145lb（约66kg）。这种应用累进超负的过程在整个训练计划中不断发生。

（二）科学基础

运动员任何成绩的大幅提高都需要长时间的训练和适应。运动员在解剖、生理和心理上对训练负荷增加的要求做出反应、改善神经系统的功能和反应、神经肌肉的协调和心理能力，以应付沉重训练负荷所带来的压力。

训练绩效的提高是在训练中完成的工作数量和质量的直接结果。从初级运动员到优秀运动员阶段，训练的工作量要根据每个人的生理和心理能力逐步增加。

（三）应用要求

在提高性能之前，需要有大量的训练量的积累，性能提高后要增加负荷。从一个训练步骤到另一个训练步骤，从一个训练阶段到另一个训练阶段，训练负荷增加必须小心地、逐步地执行。对于耐力性运动，特别是以增加生理潜能为主要训练目标的周期性训练，训练负荷增加量不宜过高。负荷的增加应该在一个人最大强度的3%～6%左右，倘若盲目地增加训练强度，就会对身体产生不利的影响。

对于技术复杂程度高的运动，或开放式运动，如团队运动、体操和摔跤，其中技术和战术掌握是主要训练目标，增加的负荷可能是基于对运动协调的更高要求。可考虑改变技术动作的节奏，结合不同的技战术要素，引进新技术，改变外部条件。

虽然训练负荷的增加是分阶段进行的，但在较长时间的训练计划中，负荷额定值曲线呈现出波动状，并随着训练成分的增加和减少不断变化而增强。

在训练过程中，各种运动素质、运动能力和身体机能都有不同的发展速度或节奏。灵活性的改善可以实现的时间较短，约2～3个月，而心肺呼吸耐力的改善则需要更长的时间，可能长达12个月。

运动能力的增加就像是上台阶，台阶有高度和长度。训练负荷的增加量（台阶的高度）与适应阶段（台阶的长度）的比率，对于力量的发展比柔韧性的发展要低得多。而耐力的发展，比率将是最低的。虽然力量训练或耐力训练的步骤可能比复杂运动训练的步骤要高，但适应阶段要长得多，导致整体提高率较低。一般来说，训练任务越复杂、越困难，训练负荷的增加量就应该越低。训练负荷的增加也应由运动成绩的提高率决定。提高运动成绩的速度越快，所需的训练负荷就越重。

超负荷训练和渐进式训练是所有训练计划的基础。根据渐进超负荷的原则，系统地增加对身体的需求是持续改善的必要条件。例如，在进行力量训练时，为了获得力量，肌肉必须超载，这意味着他们必须超载超过他们通常的负荷。渐进式阻力训练意味着，当肌肉变得更强壮时，要么增加阻力，要么增加重复次数，或者两者都需要，以刺激进一步的力量增长。

举个例子，假设一名年轻女子在达到疲劳前只能做10次卧推，她使用了30公斤（约66lb）的重量。通过一两个星期的阻力训练，她应该能够增加到14或15次重复同样的重量。然后她又增加了2.3公斤（约5lb）的重量，她的重复次数减少到8或10次。随着她继续训练，重复次数也在不断增加；再过一两个星期，她就可以再增重5lb了。因此，改善取决于重量的逐渐增加。同样地，训练量（强度和持续时间）必须随着无氧和有氧训练的增加而逐步增加，以达到进一步的改善。因此，渐增负荷的关键是要把握负荷强度、负荷量、节奏（持续时间）三者之间的变化次序、节奏，获得训练效益的最大化。

六、长期性原则

体能的训练和培养是一个长期的系统过程。可以这样说，只要有训练，就一定有体能的训练。优异的运动成绩，是选手通过多年从事不间断的、长期的系统训练，随着体能的提高和技术动作的完善而获得的。如果违背这一原则，就不可能获得高竞技水平。因此，从基础体能训练开始，就应有长期的、全面的、系统的、不间断的、循序渐进的训练思想。在这一训练思想的指导下，在练习初始阶段，选手体能基础较弱，机体承受能力较差，体能训练必须由浅入深、由易到难、由简到繁地进行，训练负荷量也应由小到大、由轻到重地合理安排；在高级训练阶段，经过多年的严格训练，选手的机体已产生适应性的变化，能承受专门化训练时，则可大力加强专项身体素质能力的培养训练；进入尖端训练阶段，随着选手训练年限的增长，应注意加强保护性的体能训练内容。

第二章 体能训练的理论基础

体能训练的顺利进行需要科学的理论基础作为理论指导，以保证体能训练的科学性、合理性以及安全性。本章从四个方面进行阐述，分别是体能训练的生理学基础、体能训练的心理学基础、体能训练的运动学基础和体能训练的营养学基础。

第一节 体能训练的生理学基础

一、体能训练的生理本质

对刺激做出反应并进行适应是生物机体的基本特征。具体来说，机体和活组织对刺激做出反应的能力主要体现在，当身体内外环境发生变化时，机体的内部代谢以及外部表现都会相应地发生改变。如果机体长期处于特定环境中，会逐渐形成与该环境相适应的反应模式。这种适应表现为机体对长期施加的各种刺激作出形态、结构和功能上的改变，使机体能够更好地适应环境的变化。换句话说，机体通过适应性调整，以更好地适应其所处的环境。一切生物机体的发展都是反复"刺激—反应—适应"的结果，人体机能在这样的循环往复中具有一定程度的提升，从而体能也得到进一步的发展。

（一）运动负荷的本质

通过身体练习向有机体施加的训练刺激被称为运动负荷。这种刺激引起机体的反应，主要表现在生理和心理两个方面。一般来说，所谓的运动负荷指的是机体在生理方面所承受的训练刺激。在运动负荷的强烈刺激下，与运动相关的各器官系统的机能状态会受到不同程度的影响。这些器官系统包括心血管系统、呼吸系统、肌肉系统等。运动负荷的作用使这些器官系统适应训练刺激，提高其功能水平，以更好地适应运动要求。此外，运动负荷还能引发心理层面的反应，如情绪变化、自信心提升等，对整体运动表现产生影响。运动负荷对于机体的适应和提高竞技能力具有重要作用。因此，可以将某些生理或生化指标来作为衡量生理负荷量的大小的指标。运动负荷表现分为外部表现和内部表现，其中运动负荷的内部表现为血乳酸、血压、心率等生理机能指标的变化，外部表现为量和强度的能力水平。由此可以得出，刺激强度与运动负荷的大小成正相关，具体来说，当运动负荷减少时，刺激强度减小，机体反应的程度也相应减弱，从而生理指标的变化也相对较小；当运动负荷增加时，刺激的强度也随之增加，进而引发机体反应的程度也相应增强，从而导致各项生理指标的变化更加显著。

人体各器官系统在运动负荷刺激对人体施加作用时，会发生一系列的反应。这些反应具有明显的特征，其主要表现为五个阶段的机能变化，即耐受、疲劳、恢复、超量恢复和消退。

1. 耐受阶段

身体机能变化和反映的第一个阶段就是耐受阶段。参与体能训练时，锻炼者的身体机能会展现一定的耐受能力，以应对运动负荷的刺激。然而，多种因素会对耐受能力的持续时间和程度产生影响。其中的决定因素是运动负荷的强度和个人的训练水平。在耐受阶段，为了高质量地完成训练任务，机体能够表现出稳定的工作能力。根据这一阶段的主要特点和表现，应该在耐受阶段安排体能训练课的主要任务，这样有利于锻炼者顺利完成训练课任务。机体对运动负荷的耐受程度有较大的个体差异，并受许多因素的影响。

2. 疲劳阶段

身体机能变化和反应的第二个阶段是疲劳阶段。机体在承受一定时间的运动负荷刺激之后，往往会出现疲劳的现象，具体来说，就是工作效率和机体机能降低。训练课的目的决定了运动员在训练中需要耐受疲劳的时间长短，与此相同，运动员训练到何种疲劳程度也是由训练课的目的决定。要想不断提高运动能力，就要通过训练达到一定程度的疲劳。

3. 恢复阶段

身体机能变化和反应的第三个阶段就是恢复阶段。在锻炼者完成体能训练后，机体进入恢复阶段，开始补充消耗的能源物质，修复受损部位，并恢复内环境的平衡。这个过程旨在使机体的各个器官系统恢复到运动前的状态，以重建机体的结构和功能。通过补充能量、修复损伤和调整内部环境，机体逐渐回复到平衡状态，为下一次训练做好准备。机体的疲劳程度在很大程度上决定着恢复所需时间的长短。具体来说，机体疲劳的程度较小，恢复所需要的时间就相对较短；机体的疲劳程度越大，则恢复所需要的时间就长。

4. 超量恢复阶段

身体机能变化和反应的第四个阶段是超量恢复阶段。超量恢复是指，运动时，降低的身体机能和消耗的能源物质会恢复到超过原有水平。在一定范围内，运动中疲劳程度越深，运动强度和负荷量越大，超量恢复效应就越明显。

5. 消退阶段

身体机能变化和反应的最后一个阶段就是消退阶段。运动训练所带来的机体机能提高或训练效果并非永久固定的，而是需要注意及时继续施加新的刺激，建立在已获得的超量恢复基础上。否则，已经产生的训练效果将在一段时间后逐渐消退，机体机能降至原有水平，这种现象被称为机体对运动负荷刺激适应的消退。这是所有锻炼者运动员都会面临的问题，也是为什么有的锻炼者训练水平越来越高，而有的锻炼者的训练水平却逐渐降低的一个重要原因。锻炼者以前一次的训练出现超量恢复为基础，及时进行之后的训练，以此保持更好的训练效果。反复如此，就能逐渐提高运动水平。

（二）机体对运动负荷的适应与训练效果

1. 对运动负荷的适应性

应激性和适应性是生物机体的基本特性。有机体对刺激发生反应是其所具有的一项基本能力，而更重要的是具有适应能力，同样，这一特性在人体对运动负荷刺激的适应中也是具有的。通过长期系统的运动训练，机体各器官系统的许多方面，如生物化学、形态、生理机能、结构等，都会发生一系列改变，以适应训练的强度。其中，较为常见的系统力量训练引起的肌肉肥大、肌纤维增粗和肌肉力量增长以及耐力训练引起的"运动性心脏增大"等，充分体现了机能对运动负荷适应性的意义和机体对长期运动负荷刺激的一种良好适应。

2. 训练效果

运动体能训练的核心在于通过反复的身体练习，对机体各器官系统施加一系列的生理负荷刺激。这样，人体在形态结构、生理功能和生物化学等方面就会出现一系列积极的适应性变化，进而提高运动能力，这种变化被称为训练效果。换言之，这就是"刺激—反应—适应"的最终结果和充分体现。

在训练后的恢复阶段，所消耗的能源以及酶等物质不仅得以恢复，而且会发生超量补偿；运动中所损伤的肌纤维在修复以后能产生更大的收缩力量，肌纤维有所增粗。故恢复期中既有机体结构的改善又有机体机能的提高，我们将前者称为"结构重建"，后者称为"机能重建"。持续不断的"刺激—反应—适应"循环代表着漫长的训练历程。换言之，身体结构与机能在不断遭受破坏和重建的过程中，逐渐适应运动负荷的刺激。这个不断重复、往复进行的过程能够促进人的运动能力以及身体素质的发展和提高，因此，需要对这一过程的科学性和合理性引起足够的重视，从而取得更加理想的训练效果。

3. 运动负荷阈

在训练课或体育课中，高于人体生理所承受的负荷量最低值并低于人体生理所承受的负荷量最高值的范围，即为运动负荷阈。构成运动负荷阈的四个基本因素是运动练习的强度、持续时间、练习密度和数量。这四个因素相互影响，在不考虑其他因素的前提下，改变其中任意因素，该次练习对人体的生理负荷量都会产生影响。

在运动过程中，引起各器官系统功能产生适应性变化的原发因素是机体承受的生理负荷，这种生理负荷是对机体的有效刺激。但是，对刺激引起机体出现反应与适应的程度起到重要的决定性作用的因素是刺激强度的大小。如果运动负荷过小，对机体的刺激强度就小，就难以引起机体的适应性变化，对身体素质的发展意义较小甚至没有意义；如果运动负荷过大，超过了人体所能承受的范围，或者没有得到充分的恢复时，也会对身体适应能力的提高产生一定的影响，对运动员的身心健康、身体素质以及运动能力都产生消极的影响，严重者还有可能发生过度训练或过度疲劳等病理性改变，这是一种不良适应。究其原因，机体能够通过不适宜的刺激发生适应性改变，但这种变化不可预期，其变化结果往往与期望相悖。因此，只有生理范围内的适宜刺激，才能加快机体适应过程，并产生良性适应，即机体的生理机能、结构、形态按照人们期望的方向进行改变。

体能训练中，可用某些生理或生化指标来度量给予机体生理负荷量的大小，通过心率、血乳酸、最大摄氧量等指标的变化能够充分反映生理负荷量的大小。其中，心率是最重要的。在体能训练中，心率具有非常重要的作用和意义。心率是控制运动强度最简易和有效的生理指标，在体能训练实践中，锻炼者可以使用"心搏峰"理论和"最佳心率范围"使运动负荷控制在最适宜的生理负荷范围，以获得预期训练效果。

二、体能训练的生理学原理

体能训练中涉及的生理学原理有很多，其中，生物学适应、身体全面发展、适宜负荷、区别对待和技能掌握可逆性等原理是比较重要的几个，下面就对这几种生理学方面的原理进行详细的分析和阐述。

（一）生物学适应原理

体能训练主要是对体力、脑力和心力素质中最基本、最带有普遍意义的一般性成分的训练，以及为保持健康体型所进行的控体重训练。体能训练是专项体能和综合体能训练的基础，是创造高水平体能素质的基本保障。从本质上讲，体能训练的生物学原理就是借助于训练中运动（或练习）负荷量（强度、密度、时间）对机体的刺激作用，使受训者的身体形态结构、生理机能状态以及心理调控能力等产生一系列的适应性变化，从对内外环境条件变化的不适应到适应，再由新的不平衡逐步过渡到新的适应，螺旋上升，最后形成一个体魄健壮、精力充沛、意志坚强的优秀个体。体能的训练过程就是机体产生生物学适应的动态变化过程，这种动态变化与平衡的过程称为体能训练的动态生物学适应。适应的生物学效应集中表现在：当人体在系统训练的开始阶段或承受一个新的运动负荷量刺激时，机体往往会产生一系列生物学反应和不适应症状。经过一段时间训练后，机体的不适反应和症状逐渐消失，各器官、系统的机能水平显著提高，人体能以最少的能量消耗和对内环境自稳态的最小破坏为代价，使原先需要付出极大努力才能完成的任务，变为较轻松地顺利完成。这时体内的能量消耗出现节省化，人体可承受更大的运动负荷量刺激，并继续表现出强大的整体工作能力。适应后的生物学会表现出以下几个特征：适应的普遍性、适应的特殊性、适应的整体性、适应的动态连续性。

（二）身体全面发展原理

所谓的身体全面发展原理，就是为实现机体全面发展的目的，通过合理的手段、适宜的方法和多种练习内容，对人的心理、身体素质和运动能力以及各项器官、系统等进行锻炼。

人体是一个有机整体，器官或系统之间相互联系、互相影响。通过体育锻炼能有效地促进身体的生长发育及发展各器官、系统的功能。但是，不同的运动项目或练习手段对身体各部位产生的影响不同。举例说明，如果想要增强腿部的爆发力，可以通过速度训练来实现，然而速度训练对上肢力量以及心肺功能的提高效果不明显；想要增强有氧能力，可以通过耐力训练来实现，但这项训练对力量的增强影响不大。所以，对于体能训练而言，需要在内容、方法和手段等方面都力求全面多样，使身体各器官系统以及各部位都承受一定的运动负荷，获得全面的发展和提高。

（三）适宜负荷原理

要想在体能锻炼中获得理想的效果，不能长期满足于某一负荷刺激，而要适量、适时地加大负荷，这就是所谓的适宜负荷性原理，也被称为"超负荷原理"。这个超过原有负荷的新负荷就是所谓的超负荷。超负荷原理的生理学基础是生理学的强度法则与超量恢复规律。在生理层面上，生理反应随着刺激强度的增加而更加明显，并且相应的适应过程也会加速进行。在体能训练中，使用适度超过日常体力负荷的负荷，即所谓的超负荷，属于生理适应范围内的较大负荷，能够促使机体产生良好的生理适应。根据超量恢复的规律，可以得知在生理范围内，肌肉活动量越大、消耗过程越激烈，超量恢复过程就越显著。在这种情况下，机体的各器官系统的结构和功能将得到明显改善，体质也将显著增强。体能训练中负荷的增加应当是周期性、逐步的，并且是间断性的。因为机体对于每个新增负荷都有一个反应—适应阶段，并需要一个恢复过程，在机体基本适应当前负荷之后再增加负荷。

（四）区别对待原理

区别对待原理是指，为了获得理想的锻炼效果，在体能训练中应考虑到锻炼者个体之间的差异和各自的特点，根据个体的情况合理选择练习的内容、手段和方法，并科学地安排运动负荷。

从生理学角度来看，体能锻炼中身体所承受的负荷即为运动刺激。运动刺激引发一系列生理应激反应，如需氧量增大、血压升高和心率加快等。然而，相同的运动负荷作用于不同的个体时，由于生物机体的个体差异，产生的生理应激强度会有所不同，因而导致获得的锻炼效果也会有所差异。因此，在体能锻炼中应充分考虑个体差异，合理安排训练，科学安排运动负荷，确保锻炼者生理负荷处于适应范围，以达到最佳的锻炼效果并保证锻炼的安全性。

（五）技能掌握可逆性原理

对于通过体能训练获得的各项能力的增强，要持续锻炼才能得以保持，如果长时间中断训练，则增强的体能会下降，这就是所谓的可逆性原理。可逆性原理是以条件反射规律和"用进废退"原理为基础的。根据研究结果显示，进行为期10周的力量训练能够显著增强肌肉力量。然而，如果此时停止训练，在经过30周后，所获得的力量增长将完全消失。同样，在实践运动过程中，一些已经掌握的运动技能，在长时间停止练习后会逐渐生疏，最终无法顺利完成，这就是条件反射的消退现象。为了保持锻炼效果的持久，需要制定合理的训练计划，并坚持进行规律的锻炼，以确保机体的生理功能和运动能力持续得到改善和提高。

三、体能训练的生理学适应特征

经过长期系统的体能训练，运动员能够形成独特的身体形态和机能特征，这是因为通过训练，人体的各器官系统在形态、结构和机能上都会发生显著的变化。这种良性适应即训练效果，也是机体对运动负荷刺激的结果。体能训练的科学化，可以将适当的方法和训练效果进行分析和评估，作为相关的参考和依据。

关于系统训练的生理学适应特征，可以通过三个方面进行评定，即安静状态下的生理学适应特征、运动状态下以及运动结束后恢复期的生理学适应特征，下面重点介绍以下两个方面。

（一）训练者在安静状态下的生理学适应特征

神经系统、血液循环系统、运动系统、呼吸系统等与运动密切相关的各器官系统，在长期运动负荷刺激的作用和影响下，表现的良好适应性最为显著。

1.运动系统的特征

（1）骨骼

骨密度的变化体现出体能训练对骨骼的影响。不同运动员在训练项目、训练水平和训练时间等方面有所不同。因此，这样就会在一定程度上影响到骨密度，使其产生不同的变化，并呈现出有差异性的特点。运动员所进行的运动是否科学、合理也对骨骼的生长产生着较大的影响。随年龄增长而发生的骨质疏松的概率有所提升，运动能够缓解骨质疏松的发生，这是因为，适宜的运动能够使峰值骨量得到有效的增加。从相关的研究中可以看出，运动员骨矿物质含量依运动等级而有所不同，一般来说，男子健将级运动员的骨矿物质／体重（BMC/BW）高于二、三级运动员，女子健将级运动员骨矿物质／体重（BMC/BW）高于一、二、三级运动员。由此可以看出，随训练水平的提高，运动员的骨密度也是随之相应增加的。

由于不同运动项目的特点各不相同，就会对骨骼产生不一样的刺激作用，因此，就会导致骨密度的生长也不一样。根据实验研究结果显示，耐力型项目运动员的骨密度最低，而力量型项目的运动员，如摔跤、投掷等骨密度最高。之所以会有这样的结论，主要是由于不同的运动负荷刺激对骨骼产生影响的途径不同，骨矿物质合成效应则不同。负荷强度与 BMC/BW 之间有密切的关系，力量型运动项目的负荷强度高于其他项目，所以 BMC/BW 处于较高水平。耐力运动还会对运动员的激素产生一定的影响，从而影响骨密度的变化，比如，过量的耐力运动可使女性运动员血液中雌激素水平降低和男性运动员血液中雄激素水平降低，导致骨代谢过程中骨的吸收大于骨的形成，从而降低骨密度。另外，训练部位的特异性表现在运动员身体不同部位的骨密度上，换句话说，就是在运动过程中，持续长时间处于运动或用力状态的部位，该部位的骨密度要高于其他非运动或用力状态的部位，如网球运动员持拍手的骨密度高于非持拍手。

（2）骨骼肌

肌肉的体积增大、横断面增大、肌肉力量增加等是体能训练对骨骼肌影响的主要体现。究其原因，主要是由于体能训练尤其是力量训练对氨基酸向肌纤维内部的转运起着积极的促进作用，能够使肌肉组织中收缩蛋白质的合成增加，从而使肌力有所增长，并引起肌肉肥大。提高机体抗氧化能力的有效方法之一是体能训练。研究发现，耐力训练可以提高肌组织超氧化物歧化酶（SOD）和谷胱甘肽过氧化物酶（GPX）的活性。肌肉抗氧化酶活性的提高也是骨骼肌运动性适应的重要生物学特征之一。

除此之外，影响肌组织抗氧化能力的运动性适应的因素还有运动负荷、训练状态及抗氧化剂的补充等。根据相关实验研究证明，运动负荷大、训练状态良好以及抗氧化剂的外源性补充都对机体抗氧化能力具有重要的作用。因此，要想增强机体抗氧化能力，一定要注意做好这几个方面的准备工作。

2. 氧运输系统特征

（1）循环机能

运动对心脏的影响主要体现在心脏的形态结构和心血管功能上，其中最显著的表现是平静状态下心脏功能的增强和心率的减慢。优秀的耐力运动员在平静状态下的心率通常不高于 50 次 / 分。运动性心脏增大主要表现为心肌肥厚和心脏容量的增加，力量运动员则主要表现为心肌肥厚，耐力运动员常见心脏容量增大的现象。

（2）呼吸机能

在呼吸机能方面，经过训练的和未经过训练的个体就有较为明显的区别。通常情况下，经过训练的个体呈现出以下主要特点：呼吸肌耐力较好，进行 5 次肺活量测试，每次间隔 30 秒，其测定值逐渐增加或者保持在较高水平上；呼吸肌力量较强，呼吸深度和肺泡通气量增加，有较高的气体交换的效率，肺活量大。而没有经过训练的个体则达不到如此良好的状态。除此之外，对于人体对呼吸运动的控制能力以及闭气时间的长短，与运动员的训练水平密切相关，运动员的训练水平越高，闭气时间就越长，相反，训练水平较低，则闭气时间相对就会较短。体能训练可以提高人体对呼吸运动的控制能力。

（3）血液

相较于没有经过训练的人来说，经过一定训练的运动员血液的成分差异并不明显，但在一些方面，如耐力性项目的运动员血液中某些酶的活性升高，血红蛋白数量增多，红细胞数量增多等血液指标有所变化。

3. 神经系统的特征

系统的训练对中枢神经系统产生积极影响，因此，优秀的短跑运动员表现出较高的神经灵活性和更短的反应时间，而长跑运动员则表现出较高的神经稳定性。

此外，各种感觉器官的功能也得到了提升。由此可以看出，安静状态下优秀运动员在身体形态结构和生理机能等方面都表现出良好的适应性变化，能够为训练效果的评定提供参考和依据。

不仅在安静状态下，经过训练的运动员能够显示出良好的机能特征，在进行运动时也能够将机体机能的动员、生理反应程度以及运动结束后的恢复过程方面明显的优势与特征表现出来。由此可以看出，神经系统对氧的运输具有非常重要的作用和意义。因此，在评定训练效果的主要标准和评定依据是，运动员在完成极限负荷运动和定量负荷运动的生理指标。

（二）训练者在运动与恢复期的生理学特征

1. 训练者对定量负荷的反应特征

对运动时间和强度有所限定的负荷，即为定量负荷。

（1）心肺机能变化较小

在心肺机能变化方面，有训练者和无训练者的差别还是较为显著的。其中，无训练者主要是靠加快心率和呼吸频率来使心输出量和肺通气量增大的。相较于无训练者，有训练者在完成定量负荷时心肺机能的变化较为稳定。其呼吸频率较慢，心率和心输出量较低，每搏输出量增加较多，呼吸深度较大，心率增加的幅度较小。

（2）肌肉活动高度协调

肌电图研究显示，在完成相同的定量负荷时，有训练者肌肉协同程度高，活动程度较小，肌电振幅和积分值较低，且放电节律清晰，动作电位集中并发生在动作时相，在相对安静时动作电位几乎完全消失，表明有关肌肉的活动高度协调。

2. 训练者对极限负荷的反应特征

当进行极限负荷运动时，想要使各器官系统的机能达到最高水平，需要机体充分发挥自身的最大潜力。与未经训练的个体相比，优秀的运动员具有更大的机能潜力和更高的生理功能水平，这使其拥有非凡的运动能力和显著的适应极限负荷的能力。通常情况下，评定训练效果的指标主要是最大做功量、氧脉搏、最大氧亏积累、最大摄氧量等的极限负荷运动时的生理指标。下面对这四项评定指标进行分析。

（1）氧脉搏

研究表明，优秀耐力运动员在极限负荷运动心率达 180～190 次 / 分时摄量可达最大摄氧量的 90%～100%，氧脉搏平均达 23 毫升，相当于安静时的 6 倍。当心率进一步增加时，氧脉搏有下降的趋势。由此可以看出，尽管优秀运动员表现出较高的氧脉搏，但是，他的心率水平却没有出现过高的现象，而是保持在相对比较适宜的状态。这就充分说明，运动训练具有增强机体氧运输系统功能的重要作用，进而使得心脏的工作效率也有一定程度的提高。

（2）最大摄氧量

最大摄氧量是能够将心肺功能反映出来的综合指标，最大负荷运动时无训练者只有 23 升 / 分钟，而优秀运动员可高达 5～6 升 / 分。

（3）最大氧亏积累

最大氧亏积累（MAOD）是指人体从事极限强度运动时（一般持续时间 2～3 分钟），完成该项运动的理论需氧量与实际耗氧量之差。衡量机体无氧工作能力的重要标志就是最大氧亏积累。根据相关实验研究证明，优秀短跑运动员最大氧亏积累值明显高于耐力项目运动员，因此，在进行不同的运动项目训练时，要注意最大氧亏积累的变化，避免对运动项目的训练效果产生消极的影响。

（4）最大做功量

最大做功量是指受试者在递增负荷达极量时所完成的功。有训练的运动员最大做功量和做功效率都明显高于无训练者。

相较于无训练者来说，优秀运动员在完成极限负荷工作时表现出的机能水平和运动潜力是比较高的；并且在运动开始时，机体机能动员得快，运动结束后机能恢复得也快。

第二节　体能训练的心理学基础

人们从事任何活动，都要解决两个问题，首先是要不要做，然后是如何去做。首要的问题是动机问题，动机问题作为行为的起点和驱动力，涉及个体行为的方向和强度。其在各个领域都具有重要地位，在体育运动领域也不例外。竞技运动、体育教育和大众健身的实践不断给运动心理学提出有关动机的问题，例如，体育活动为什么会成为某些人乐趣的来源和日常的需要，而另一些人则因为体育活动而伤害了自尊心。为什么有人不顾生命危险从事攀岩活动、连续几天不间歇地跑步、从四五岁起便开始系统的专业化训练或要忍受极大的伤痛坚持训练？体育活动能够给人们的生活带来什么？显然，要解释这些问题，需要从生物、社会、文化、经济等方面进行全方位的分析。

一、体能训练的心理机制

人的一切心理活动都是大脑对客观现实的反映。人的心理活动与生理活动都受大脑的控制，只是生理学把大脑的反射活动作为神经过程来研究，而心理学则把反射活动作为意识来研究，实际上心理与生理两者是统一的，互相影响的。心理因素导致人体健康的机制是：由于各种心理因素作用于人的大脑，使人产生轻松或紧张、愉快或忧郁、喜悦或愤怒以及痛苦与悲伤等情绪体验，然后这种情绪体验的信息传递至下丘脑，便产生一系列的生理健康指标反应。一般来讲，持久或过度的心理作用，可导致各种内脏的机能性疾病，严重影响健康。相反适度的、积极的心理作用，可有效地增进入的身体健康。人体进行适度而积极的身体运动，可以有效地调节人的情绪体验过程，使人产生积极、健康的心理状态。大量的事实证明，强烈的心理活动和不良的心理状态不仅可导致疾病，还可置人于死地。有些心因性疾病，如精神分裂症、心力衰竭、神经衰弱等，一旦再受到强烈心理活动的刺激，很可能导致死亡。人的意识（即心理活动）能主宰人的行为，同时也能影响人体的健康生存。所以，积极投入身体运动，保持良好的心理状态，是维持人体健康的重要因素。

二、体能训练与情绪

情绪是指人的内心感受周围事物，并以各种特殊体验表达出来，如兴奋、高兴、痛苦、惊异、愤怒、憎恨、紧张、忧愁等。情绪表明人对周围现实的各种反应，反应有机体内部的状况，并且在一定时期内作用于人的意识，影响人的躯体健康。人的心情是情绪的总和，人表现出的各种不同情绪，其原因是多方面的，如生活条件的好坏、工作的顺利与否、学习的难度大小、周围人群的整体素质、自身健康状况等都可引起不同的情绪。但情绪反应的生理机制十分复杂，整个神经系统、机体各部位都参与这种反应，如愤怒和痛苦等情绪感受，总是伴随着心血管系统、肺、消化器官、内分泌腺以及大脑活动的剧烈变化。

从人类的发展来看，情绪是人类进化过程中产生的一种防御性反应，是人类适应环境变化的一种方式，是有机体对外界刺激影响做出的回应机制。

（一）人的情绪状态与机体变化

1. 人的情绪状态

人受到不同刺激的影响会产生不同的情绪，这些情绪归结下来可以分为两类，即积极情绪和消极情绪。

（1）积极情绪

积极情绪是指对人体的生命活动起良好作用的情绪。积极情绪能为神经系统充添新的力量，更好地发挥机体的潜力；能提高脑力和体力劳动的效率和耐久力；能协调和促进各器官系统的机能，减少疾病；积极的情绪总是伴随着身体运动的活跃，因为机体的能源动起来了，如使血糖增加、呼吸与脉搏加快等。

（2）消极情绪

消极情绪是指对人的生命活动起不良影响的情绪，至少会使人的心理失去平衡，如愤怒、憎恶、悲伤、不安、惊慌、恐惧、委屈、痛苦、张皇失措、不满、嫉妒等，都是消极情绪体验。消极的情绪经常反复出现，对机体很不利，最容易造成神经活动的机能失调，即称为神经机能病，还可能归转成各种躯体疾病，特别是容易造成心血管疾病。

（3）积极情绪与消极情绪的交叉影响

过度的高兴、激动、兴奋、喜悦，并非是积极情绪，它们往往对机体产生不良的影响。有些消极的情绪，如愤怒、憎恶、不满等在短时间内偶尔体验一下，发泄一下内心的感受，反而对身体有积极作用，还可以导致出许多的积极情绪状态效应。

所以说，无论是积极情绪还是消极情绪，作为人的体验来说都不能走向极端，一定要适可而止，过度高兴和过度痛苦都会伤害身体，要充分利用积极与消极情绪的交叉影响，化消极为积极和控制过度积极，这样更有利于健康，身体运动便是一种最好的调节与控制方法。

2. 机体变化

无论是积极情绪还是消极情绪，都伴随着不同的机体变化。

（1）内脏器官变化

人在发怒或震惊时，呼吸加快而短促，心跳加速，血糖增加，血压升高，血液的含氧量也增加；人体过度高兴或激动时，心跳加快，血糖升高，血压上升等。

（2）腺体的分泌变化

人在焦虑和忧郁时，公抑制胃肠蠕动和消化液的分泌；在盛怒和激动时，各种消化腺分泌很少的消化液，食欲递减；在紧张或害怕时，肾上腺分泌加强，导致血糖和血压上升。

（3）面部表情和肌肉与姿态的变化

许多消极情绪的过度表现，都会出现面色苍白、动作软弱无力、肌肉紧张发抖、动作僵硬、姿态反常、额头冒汗等，如悲哀时，眼、嘴下垂；愤怒时，眼、嘴张大，毛发竖起；盛怒时，胸部挺起，横眉张目，紧握拳头；困窘和羞愧时，常面红耳赤；震惊时，脸色苍白等。

（二）情绪与疾病

从现代病理学的角度来说，情绪对于人的健康与长寿起主导作用。情绪是导致许多疾病发生的重要因素，也是帮助治愈许多疾病的重要因素，同时也是使人幸福、健康和长寿的重要因素。人们如果懂得很好地调节情绪、控制情绪和体验情绪，人的生命力将有更广阔的前景。

1. 怒伤肝

人经常生气，发脾气，遇到不顺心的事情就上火动怒，就容易导致肝病，时间一长会导致癌症（即肝癌）。因为经常动怒会影响胆汁分泌和导致一些内分泌的机能紊乱，使肝功能解毒作用减弱，结果形成肝细胞坏死。

2. 喜伤心

过度高兴、激动、兴奋是会损害心脏的。因为人一高兴，血糖上升，血压升高，心跳加快，造成心脏负担过重，并且往往是突发性的，来势又猛。所以，一般有心脏病或高血压的人，一旦过度高兴容易导致死亡。

3. 忧伤肺

人如果因某种原因，长期忧愁，精神不振，总是低头含胸，呼吸表浅，就会导致呼吸肌萎缩，肺泡的弹性和通透性差，肺泡的血液循环和气体交换能力差，使整个肺的结构与机能受到抑制，时间一长就会出现局部组织损坏，导致肺病，甚至发展成肺癌。

4.恐伤肾

人长期处于惊慌、恐惧、害怕状态时，心跳会加快，血糖、血压上升，造成肾小球的压力变大，产生尿频、尿血、尿蛋白等病症现象，由于长期的高压负荷，肾功能与结构也会受到损伤。

5.思伤脾

思是指人遇到问题时，心胸狭窄，想不开，有思想包袱。如果长期如此，内分泌系统就会发生紊乱，血糖的浓度总是保持较高值，这样脾脏的贮血与分泌功能受到极大的影响，最终导致严重的脾脏疾病。

（三）情绪与身体运动

一般来讲，人参加某种体能训练都是在一种积极的情绪状态下进行的。但在人体运动过程中，有时积极的情绪状态又可转化为消极的情绪状态，显然消极的情绪状态是不利于运动与健康的。所以，身体在进行运动的过程中，情绪的调节与控制是不可忽视的因素。

只要以增进健康、满足娱乐兴趣为目的的身体运动，最初都是在一种十分积极的情绪状态下进行的，如运动的兴趣大、热情高、主动精神强、协作精神强等，从而导致人在身体运动过程中肌肉的灵敏度高，协调性好，思维敏捷，动作有力，运动时间较长，能量消耗大，并且不易受伤。整体运动过程对健康十分有利。

三、影响体育健身的心理因素

（一）群体心理相呼应

无论哪种人，总是生活在一定的人群里，在这种人群里，不同的爱好和兴趣产生相互影响，形成相呼应的群体心态。如健身运动是许多人愿意参与的，愿意投入的。所以，只要一个群体有了这种良好心理呼应，这个群体中的每个成员就会有着主动、积极的运动健身行为，并且会收到良好的健康效应。

（二）娱乐心理

一般人在选择运动项目时，最初总是考虑是否适合自己的兴趣，能否使自己开心，再考虑对增进自己的身心健康是否有利。所以，运动项目的趣味性和娱乐性，有时是促使人积极投入身体运动的动力，一旦运动者所参加的身体活动没有乐趣，刺激不了情绪，就会影响运动者的积极性，容易产生厌倦、不持久等心理，影响运动效果，或最终退出身体运动项目。

（三）惧怕心理

由于运动的环境、场地、设备等条件差，运动者害怕受伤，没有安全感，所以就不敢或不乐意去参加运动，即使去参加运动，也是提心吊胆地进行，很难收到锻炼效果。

（四）自卑心理

由于运动者身体条件和运动基础较差，总是不敢进入运动场所，参加运动，总是担心别人笑话自己，这样就很难进入运动的角色，如果不设法排除这种自卑的心理障碍，那就更谈不上运动健身的问题了。

（五）情绪状态

人如果在一段时间里，精神不振，思想负担很重，工作与家庭不顺等，情绪总是处于不正常、不稳定的状态，那么，这个人根本没有心思参加身体运动，如果勉强参加，相反会有害于身体健康。所以，运动者要经常保持乐观而积极的情绪，要善于调节好自己的情绪，这样就会有利于身体运动的进行，有利于健康。

（六）意志品质

参加体育健身的过程，实际上是一个不断遇到困难、不断克服困难的过程，如能量的消耗，会让人产生疲劳；运动后要换衣和洗衣；运动的时间，要起早或摸黑，影响休息；气候的恶劣变化，还必须坚持运动等。克服这些困难需要有良好的意志力，否则，可能中途放弃，收不到身体运动的效果。

四、体能训练对心理的影响

（一）体能训练对心理过程的影响

运动表象成熟，健身者通过长期锻炼，可以使肌肉的节奏感、速度感、动力感、方位感、加速度感等有所增强，这是运动表象成熟的表现。人们在参与体能训练的过程中不仅能感受到项目本身对感觉器官、神经、肌肉的刺激，还能在思维和指导员指导动作的共同参与下在头脑中创造出某些技术动作。

（二）体能训练对情感过程的影响

情感是人对事物是否符合自己的需要而产生的体验。情绪一般归类为心境、激情、应激，心境是能感染的比较微弱而持久的状态，应激是一种应变能力，而激情是短暂爆发的猛烈情绪状态。健身锻炼是情绪的调节剂，在体能训练中有成功的喜悦、有进步的满足、有胜利的欢乐等。焦虑和抑郁是常见的情绪困扰，可以通过体能训练来改善焦虑状态等。

（三）体能训练对意志过程的影响

体能训练可以培养坚强的意志品质，如自觉性、果断性、坚持性、自制性。

五、体能训练的动机问题

马斯洛将人类的需求由高到低进行分层归结为：自我实现需求（道德创造力、解决问题能力、自觉性等）、尊重需求（自尊、信心、成就、对他人尊重、被他人尊重）、社交需求（友情、爱情、亲情）、安全需求（人身安全、健康安全、家庭安全、财产安全）、生理需求（呼吸、水、食物、睡眠、生理水平、分泌）。[1]

体能训练是建立在生理需要被满足之后的更高层次的需要。

（一）生理需求

人们的生理需求是最基本、最原始的需求，涵盖了衣、食、住等方面。如果这些需求得不到满足，将直接威胁到生命安全。因此，生理需求被认为是最迫切、不可避免的底层需求，也是推动人们行动的强大动力。这些需求的满足是人类生存和发展的基础。

（二）安全需求

安全需求涵盖了劳动安全、职业安全、生活稳定以及对未来免遭灾害的期望

---

[1] 李夏旭. 现代心理咨询实务 [M]. 上海：文汇出版社，2021.

等方面。作为一种高级需求，安全需求在个体满足了生理需求后便开始凸显。每个生活在现实世界中的个体都渴望获得安全感、自由意志和自我保护的能力。

（三）社交需求

社交需求即归属与爱的需求，是指个体对温暖、信任、爱情、友情的需求，渴望获得团体、同事、朋友、家庭的理解、关心、爱护。其受宗教信仰、习惯、所处环境、生活经历、民族文化和个体性格等多方面影响。社交需求相较于生理和安全需求更为微妙和难以捉摸。这种需求难以被察觉，也无法被明确度量，是个体内心深处的渴望。

（四）尊重的需要

对于人类而言，需求中的尊重可以分为自尊、他尊和权力欲三个主要方面。自尊涉及自我价值感和自我评价的体验，而他尊则关乎对他人的尊重和认同，权力欲是一种渴望控制和影响他人的需求。尊重需求往往难以完全满足，然而，即使是基本层面的满足也能够产生强大的推动力。

（五）自我实现需求

自我实现需求被认为是最高级别的需求。满足这一需求要求我们从事与自身能力相匹配的工作，充分发挥潜力，成为理想中的自己。这种需求涉及创造力的追求。那些拥有自我实现需求的人似乎会竭尽所能，力求将自己发展到最完美的状态。自我实现意味着全情投入、全神贯注地体验生活，以充分而积极的方式展现自己。

第三节　体能训练的运动学基础

一、肌肉运动学

（一）肌肉的基本结构

作为人体运动之源，肌肉在运动系统中占有非常重要的位置。实际上整块肌肉是由无数形状为细长状的肌细胞组成，肌细胞也被称作"肌纤维"，它是构成肌肉的最基本结构。肌纤维外层均有一层结缔组织构成的超薄薄膜包裹，称为"肌内膜"。数条肌纤维靠拢凑近构成肌束，肌束表面也有肌束膜包裹。无数的肌束最终组成从外表看到的一块块肌肉的形象，肌肉外面仍旧有结缔组织膜，称为"肌外膜"。肌肉中，水分约占 3/4，另外 1/4 为能量物质、蛋白质、酶等固体物质。另外，肌肉中还有着丰富的毛细血管网及神经纤维，以供应肌肉的氧气和养料，保证神经协调。

附着于骨骼上的肌肉，就是所谓的骨骼肌，它是多种肌肉类型中的一种。在人体肌肉所占的比例中，骨骼肌的分布最广、数量最多，是运动系统的主体部分。人体内约有 400 块大小不一的骨骼肌，约占体重的 36%～40%，成年男性约占 40%，成年女性约占 35%。[①]

在神经系统的支配下，骨骼肌能够收缩牵动骨骼，维持人体处于某种姿势，或产生人体局部运动，最终促进机体完成运动所需的各种动作。

每一块骨骼肌就好像是一个器官，可分为中间膨大的肌腹和两端没有收缩功能的肌腱，肌腱直接附着在骨骼上。骨骼肌收缩时通过肌腱牵动骨骼而产生运动。肌腱由排列紧密的胶原纤维束构成，肌腱内胶原纤维互相交织成辫子状的胶原纤维束。肌腱的一端与肌内膜、肌束膜和肌外膜相连接；另一端与骨膜紧密结合。肌腱本身虽无收缩能力，但能承受很大的拉伸载荷，而肌腹的抗张力强度远远不及肌腱。

（二）肌肉的类型

肌肉收缩使关节运动，就是所谓的肌肉工作。如果肌肉做功，则会使人体进行某种活动，或是保持某种静止的动作，一旦肌肉做功则会根据运动量的大小消耗相应的能量；若肌肉不做功，则也会消耗较低的能量。因此，肌肉活动越频繁，人体的新陈代谢也就越发旺盛。肌肉内微细血管十分丰富，肌组织和结缔组织分别构成肌肉的收缩成分和弹性成分。

一般情况下，都是许多肌肉协同作用以完成一个动作，如在健身运动中，极少出现只有通过单一一块肌肉就可以完成的动作，即使这个动作十分简单。数块或数群肌肉协调地参加工作，才能产生各种各样的运动或保持人体的姿势。

以参加工作的肌肉所起的不同作用为主要依据，可以将肌肉分为四种类型，

---

① 缪进昌.骨骼肌——人体运动的动力 [J].学校体育，1982（04）：21，50-52.

即原动肌、固定肌、对抗肌以及中和肌，每一种类型的肌肉都有其各自的特点和功能。

1. 原动肌

原动肌指的是直接完成动作的肌群。在动作完成中起主要作用的原动肌叫主动肌，如"弯举"中的肱肌与肱二头肌。帮助完成动作或在动作某个阶段收缩的次要的原动肌叫副动肌或次动肌，如"弯举"中的肱桡肌、旋前圆肌等。持哑铃双臂弯举的动作，肱肌、肱二头肌、肱桡肌和旋前圆肌等是"弯举"（肘关节屈）动作的原动肌。

2. 固定肌

固定肌是固定原动肌一端附着点所在骨的肌肉。固定肌使主动肌的拉力方向朝着它们的固定点，其作用是使肌肉的拉力方向保持一定。固定肌的运动有两种情况：一种是作用相反的两群肌肉共同作用，使关节保持固定不动；另一种是一群肌肉与某些外力的共同作用，如在做"飞鸟展翅"动作练习时，大腿肌肉、腰背肌肉与重力互相作用，固定躯干与骨盆。

发展肌肉力量训练时应注意和功能锻炼相结合，才能使大众健身的力量训练具有现实意义，这就提示锻炼者在进行力量训练时既要训练原动肌，又要训练固定肌，尽量要求这两种肌肉均衡锻炼，否则不能保证原动肌的拉力方向，并会影响原动肌发挥力量的效果。

3. 对抗肌

对抗肌是与原动肌作用相反的肌群，在"弯举"动作中，肱三头肌是肱二头肌的对抗肌。原动肌和对抗肌不是固定不变的，而是随着关节运动方向的改变而改变。对抗肌除了有拮抗原动肌工作的作用外，还有协调原动肌工作的作用，如在快速动作的结束阶段，对抗肌收缩紧张，以缩小关节的活动范围及延缓运动速度，避免关节周围发生软组织损伤。

对抗肌的训练对于保持肌肉平衡和预防运动损伤非常重要，大多数骨骼肌都是成对工作的，如果一块肌肉超负荷运动，而与其相对抗的肌肉缺乏运动，导致出现对抗肌力量不平衡的状况，那么这个部位的肌肉就很容易受伤。

4. 中和肌

中和肌的工作情况主要有两种：一种是有时两块原动肌有一个共同的作用，

但其第二个作用是互相对抗的。例如，斜方肌可以使肩胛骨上回旋和内收，菱形肌则使肩胛骨下回旋和内收。因此在"飞鸟展翅"动作中，当它们一起收缩的时候，既共同作为肩胛骨内收的原动肌，又互相作为中和肌，它们使肩胛骨回旋的作用彼此中和了。另一种情况是：当原动肌发挥多种功能时，别的一些肌肉参与工作，抵消原动肌的一些功能，使动作更准确，这些肌肉称为中和肌。例如，做"飞鸟展翅"练习时，肩胛提肌、菱形肌等也参加工作，以抵消斜方肌使肩胛骨上回旋的功能，使斜方肌只能表现出使肩胛内收的功能，肩胛提肌和菱形肌等是斜方肌的中和肌。

（三）体能训练对肌肉的影响

体能训练会对肌肉产生一定的影响，具体来说，其影响主要表现在以下几个方面。

1. 使肌肉体积进一步增大

通过体能训练可以给予肌肉大量的刺激，超出"常规"的刺激会使肌肉体积增大，这是由肌纤维粗细和肌纤维数目增多造成的。不同运动项目会使人体不同部位的肌肉体积增大，如经常参与足球运动的锻炼者，其大腿和小腿的肌肉格外发达。

2. 减少肌肉中的脂肪含量

众所周知，体内积累了过多的脂肪一定会对锻炼者的活动产生不利的影响。对于不爱运动的锻炼者而言，其肌纤维与肌肉表面之间可能积聚一层脂肪。这层脂肪影响肌肉收缩，其在肌肉收缩时会产生摩擦，降低肌肉收缩效率，使运动变得困难，增加身体运动负荷。而通过长期的体能训练或是多参加体育活动，则可以有效减少肌肉的脂肪，从而提高肌肉的收缩效率。

3. 肌肉毛细血管数量有所增多

通过进行体育锻炼，可以引起骨骼肌内毛细血管的形态和数量的变化，进而增加肌纤维之间毛细血管的平均分布数量。毛细血管的增多有效改善了骨骼肌的血液供给，从而有效提高了肌肉的工作能力，有利于肌肉更持久地进行紧张的活动。

4.使肌肉内的化学成分发生一定的变化

积极从事长期的体育锻炼可以导致肌肉内的化学成分发生变化。在这个过程中，肌肉内的多种物质含量会发生改变，包括肌红蛋白、肌球蛋白、肌动蛋白以及水分等。肌球蛋白和肌动蛋白是肌肉收缩的基本成分。它们的增加不仅提高了肌肉的收缩能力，还增强了三磷酸腺苷酶（ATP 酶）的活性，从而及时供应肌肉所需的能量。肌红蛋白具有与氧结合的作用。当肌红蛋白含量增加时，肌肉内储备的氧量也相应增加。这使得肌肉在高氧需求的情况下能够持续保持良好的工作状态。此外，肌肉内水分的增加有助于促进肌肉内的氧化反应，并有利于肌肉力量的增长。

5.使参加活动的肌纤维数量有所增加

研究表明，运动时人体肌肉内只有部分肌纤维对神经冲动作出反应并发生收缩，并非全部纤维同时收缩，有一部分保持不活动状态。这些不活动的纤维并非无用，而是因为在神经控制过程中没有被激活，或者受到的神经冲动不足以引发收缩。

坚持进行体育锻炼有助于增强神经冲动的传递能力，改善神经控制，从而使之前处于不活动状态的肌纤维得以活动起来。根据研究，通常，训练水平较高的肌肉能够使约 90% 的肌纤维参与到收缩活动中，相比之下，训练水平较低的肌肉仅有约 60% 的肌纤维参与到收缩活动中。[①]

6.肌肉发生延迟性疼痛

许多锻炼者在参加超出常规体育锻炼量后会出现肌肉酸痛，而这往往不是在锻炼后立刻出现的，多数是在第二天或第三天出现，疼痛持续 2～3 天后才逐渐开始缓解，这种疼痛就叫作延迟性肌肉疼痛，一般任何骨骼肌在激烈运动后均可发生延迟性肌肉疼痛。肌肉延迟性疼痛一般是在锻炼后 24～72 小时酸痛达到顶点，5～7 天后疼痛基本消失。除酸痛外，还会有肌肉僵硬的感觉，轻者仅有压疼；重者则肌肉肿胀，甚至妨碍正常生活。

二、骨骼运动学

骨骼，是以骨组织为主体，在结缔组织或软骨基础上经过一定的骨化形成的。

---

① 李健隆，吴正先.人体解剖学 [M].郑州：河南人民出版社，2000.

一般情况下，成年人体内的骨骼数量是相同的，都是 206 块。

（一）骨的形状和构成

1.骨的形状

由于人体的骨存在的部位和它发挥的功能不同，因而形状也就多样。按其形状特点可概括为以下四种：长骨、短骨、扁骨和不规则骨。

2.骨的构成

骨膜、骨质、骨髓及血管、神经共同构成了骨骼，骨骼以骨质为基础，表面被骨膜包裹，内部充满骨髓。

（二）骨的功能

骨是人体运动系统的重要组成部分，对参与体能训练起着至关重要的作用。然而骨的作用不只限于在人体运动的时候。骨的功能还表现在支撑身体、保护脏器、造血和储备微量元素等方面。

（三）不同运动项目锻炼对骨产生的影响

从大量的实验实践中可以发现，运动项目的不同会在一定程度上影响到骨骼的形状。例如，散打运动员腿部的骨骼一般较粗，而且非常坚硬，这主要是由于常年参加散打训练使其腿部骨骼不断遭到撞击，骨骼由此会慢慢适应这种撞击逐渐变得坚硬、粗壮。又如拳击运动员和体操运动员，二者在手骨某些尺度的变化上有区别。体操运动员掌骨干（在支撑中）或指骨近节（在单杠悬垂中）承受负荷，拳击运动员则是掌骨头和指骨头近节底承受负荷。因此，拳击运动员的指骨变化较大，而体操运动员则是骨干部变化较大。

锻炼者一般都处在身体状态上升或巅峰时期，在此时期人体的新陈代谢旺盛。此时进行体能训练，非常有益骨骼的生长和保持骨骼良好状态。这种益处具体来说是可以使骨骼表面的隆起更为显著，骨密质增厚，管状骨增粗，骨小梁配布更符合力学规律。这一系列骨形态结构的改变使骨的抗压、抗弯、抗折断和抗扭转等机械性能得到提高。

除此之外，肌肉的牵拉作用也与骨骼的变化有一定的关系。增加肌肉力量与骨密度的提升密切相关，而骨密度的增加受到受训肌肉部位的影响。当肌肉力量增强时，肌肉的收缩会对骨骼施加刺激，刺激骨细胞的活跃度，促进骨密度的增加，这种活性对于保持骨骼的良好状态一直延续到进入中老年后是较为有利的，其表现为有效延缓中老年骨质丢失。

三、关节运动学

（一）关节的基本结构

关节是两块或两块以上骨骼之间借助结缔组织、软骨或骨的一种连接结构。正因为关节的存在才使肌肉收缩时骨骼的运动成为可能。关节的健康状况很大程度上决定了人体运动的灵敏和顺畅程度。

关节主要由关节面、关节囊和关节腔组成，辅助以韧带、关节内软骨和关节唇等结构。根据关节运动轴的多少和关节面的形状等因素，可以将关节分为单轴关节、双轴关节和多轴关节三种形式。也可以根据两骨间连接组织的不同，将关节分为纤维性关节、软骨关节和滑膜关节。

（二）体能训练对关节产生的影响

科学合理的体能训练，不仅能使肌肉和骨骼得到有效的锻炼，而且还能够使骨关节面的密度增加，骨密质增厚，使运动更加顺畅，由此形成一种良性循环，从而越发能够承受更大的运动负荷。与运动对骨骼形状的影响相似，体能训练的项目不同，也会对关节柔韧性起到不同的作用。体育运动项目中对关节灵活度要求较高的有乒乓球、羽毛球、篮球等含有更多急转、急停、突然变向等的项目。这些项目对运动员关节的柔韧性有着较高的要求。如果锻炼者认为自身在关节柔韧度方面有所欠缺，则可选择上述三类球类项目进行体能训练。

从关节的功能上来说，关节的最大用途就在于它的灵活，但是需要注意的是，这种灵活并不是绝对的，当真正体现其灵活性的同时，还需要有相对的稳固性予以支持。因此，关节的稳固性和灵活性又是一对矛盾，因为肌肉力量大，韧带、肌腱、关节囊就会增厚，这对关节稳固性和防止关节损伤有很大好处，但这样又势必会影响关节的灵活性。所以，在体能训练运动中锻炼者要处理好关节的这对矛盾。这需要在训练过程中发展肌肉力量的同时，还要兼顾发展其伸展性动作的练习，使二者得到同步发展，这样关节才能既稳固又灵活。

第四节　体能训练的营养学基础

水、脂肪、蛋白质、矿物质、维生素、碳水化合物、纤维素是营养素的主要成分。其中只有脂肪、碳水化合物（糖）、蛋白质为能源物质，这些都能为机体提供能量。

一、糖代谢

（一）糖对人体的作用

糖是人体组织细胞的重要组成部分，是人体所需能量的重要来源，人体每天所需能量的 70% 以上是由食物中的糖来供应的，且糖在氧化时所需要的氧较脂肪和蛋白质少，因此成为肌肉和大脑组织细胞活动的主要能源，是人体最经济的供能物质，也是运动时最主要、最经济和最快速的能源物质。糖在体内除了供应能量外，多余的糖还会转变为蛋白质和脂肪，一般来说脑组织耗能较多（未定论），在通常情况下，脑组织所消耗的能量均来自糖的有氧氧化，所以脑组织对缺氧非常敏感；脑组织中糖原储量很少，代谢的糖主要是依靠血糖来补充，所以脑细胞的功能对血糖水平有较大的依赖性。具体来讲糖对人体的作用有：

（1）提供运动所需要的热能，在低强度、短时间的运动中，大部分的热能需求是由糖提供的，而在高强度、短时间的运动中，同样首先依赖糖的氧化来提供热能。只有当可供利用的糖储备耗尽时，才会转而利用脂肪和蛋白质作为能源来源。

（2）糖提供脑组织供给神经系统所需要的能量，大脑中缺少储存的营养物质，主要是靠糖的氧化获得热能。血糖浓度降低时首先影响到神经系统，产生疲劳或头晕等现象。

（3）构成体质的所有神经组织以及细胞核中都含有糖。

（二）糖在体内的代谢过程

糖是一类有机化合物，其化学结构包括多羟醛或多羟酮及其衍生物。在人体内，糖主要以葡萄糖和糖原的形式存在。葡萄糖是糖在血液中的运输形式，在机体的糖代谢过程中扮演着重要角色。而糖原则是由葡萄糖分子聚合而成的多聚体，包括肾糖原、肌糖原和肝糖原等形式，在体内充当糖的储存形式。葡萄糖和糖原都能够被机体氧化以提供能量，它们在能量代谢中发挥着重要的作用。

人体获取糖分的主要来源是食物中的糖，食物中的糖经过消化作用转化为单糖后，通过血液输送到各个组织细胞进行分解与合成。

（三）血糖的主要来源及去路

血糖的来源可以分为三个方面。首先，食物中的糖是血糖的主要来源之一。通过消化吸收后，食物中的糖被转化为血糖，为机体提供能量。其次，肝糖原的分解也是空腹时血糖的直接来源。肝脏中储存的糖原在需要时被分解成葡萄糖，释放到血液中，维持血糖水平。最后，除了糖类物质外，非糖类物质如甘油、乳酸以及一些氨基酸也可以通过糖异生作用生成葡萄糖，成为长期饥饿时的血糖来源。这些来源共同贡献着血糖的供应，满足机体的能量需求。

血糖的去路可以归纳为多个方面。第一，血糖主要被各组织利用进行氧化分解，为机体提供能量。第二，在肝脏、肌肉等组织中，血糖可以转化为糖原进行合成，作为能量储备。第三，血糖还可以转变为其他糖类和其衍生物，如核糖、氨基糖和糖醛酸等。第四，血糖也可以转化为非糖物质，如脂肪和非必需氨基酸等。第五，当血糖浓度过高时，超过肾小管的重吸收能力，血糖会通过尿液排出。当血糖浓度达到 8.88～9.99 毫摩尔／升以上时，就会出现糖尿，这一浓度被称为肾糖阈。糖尿是在病理情况下出现的，常见于糖尿病患者。血糖的去路是一个复杂的过程，涉及多个组织和代谢途径。

（四）运动中血糖的变化及低血糖的防治

正常人安静状态下血糖浓度是 3.9～5.9mmol/L，经常锻炼的人与正常人的血糖浓度没有区别，但是长时间的锻炼后血糖浓度会降低，训练者会出现运动能力下降甚至低血糖。体内糖原储备不足者，在长时间剧烈运动后期可以出现体内糖原枯竭的情况。参加健身的学员在长时间的活动前不进食、运动时间过长、长期营养不良、进食不规律等原因下会出现低血糖的现象。血糖低于 3.3～3.9mmol/L 时称为低血糖。低血糖的症状：饥饿、无力感觉（甚至发软）；行为突然改变，如行为古怪、容易激动或不适当的发怒、不恰当的哭或笑；注意力不集中、身体发抖、腿软、脸色苍白、多汗、脉搏快但微弱、定向能力丧失，甚至昏迷。

预防：加强对学员的教育（关于饮食方面），如发现可疑症状及时处理，休息并补糖，如单糖果汁或含糖饮料，或口服葡萄糖晶体、红白糖等；昏迷者需要急救并液体补充糖。

（五）运动补糖的方法

体内的糖储备有肌糖原、肝糖原、血糖三类。一般补糖主要用于长时间耐力项目或训练，对高强度持续 3～6 分钟的间歇性运动（如球类）或高强度的冲刺类运动也有作用。

运动前补糖应在 2 小时或 2 小时前补糖，避免 30～90 分钟时间补糖，15 分钟前补糖。2 小时的时间糖已经转变为肌糖原，15 分钟糖刚变为血糖。运动中应少量、多次饮用含糖饮料。运动后补糖时间越早越好。

二、脂肪代谢

脂肪是构成人体组织细胞的必需营养物质，对维持人体热量和身体健康有不可忽视的作用。通常所说的脂肪是指甘油三酯、胆固醇和磷脂。食物中的脂肪包括动物脂肪和植物油，它们不易溶于水，但溶于有机物，所以在胃中停留时间较长，有抗饥饿的作用。

（一）脂肪的来源

人体脂肪主要来源于动物和植物。动物油包括猪油、牛油、羊油、骨髓等。植物中芝麻、棉籽、菜籽含有大量脂肪，可加工成植物油食用。

（二）脂肪的营养功能

1. 提供能量，维持体温恒定。脂肪的产热量很高，经人体消化和吸收之后，可以直接产生热量，也可以储存在人体皮下脂肪层，保持人体体温恒定。

2. 供给机体必需的不饱和脂肪酸。必需的不饱和脂肪酸是人体内不能合成的，而人体生命活动中不可缺少的不饱和脂肪酸，如亚油酸、亚麻油酸、花生四烯酸等，它们大多数对线粒体及细胞结构有重要作用。同时，它们也有促进发育、生育及保护皮肤和降低胆固醇的作用。

3. 作为脂肪垫包围在人体器官周围，保护人体器官和神经免受外伤。

4. 构成人体组织细胞的重要成分。

5. 促进脂溶性维生素的吸收和利用。脂溶性维生素如维生素 A、D、E、K 等，这些维生素只有溶解于脂肪才能被吸收和利用，所以脂肪是良好的溶剂。

（三）脂肪的需要量

脂肪的摄入量受季节、气候、饮食习惯、健康状况和运动量的影响而变化。一般膳食中的脂肪量应为总热量的 25%～30%。[①] 对于热量消耗大、机体散热多和长时间运动的项目要适量增加脂肪的需要量，在膳食中一般应以摄入植物性脂肪为主。

（四）运动与脂肪

脂肪是从事耐力运动的主要能源。脂肪在人体内储存量很大，一般一个经过高强度训练的人，即使体脂很低，其脂肪储存量仍然超过所有运动对能源的需要量。运动不仅可以降低血脂含量，而且能够增加体内脂肪的代谢情况，是减少脂肪含量和体重的有效方法。运动还可以使血液中脂蛋白含量增加，加速血液中胆固醇的运输和排泄，预防动脉硬化的发生。脂肪作为热量物质，其燃烧释放能量需氧量高，利用慢。而且，脂肪在代谢过程中会产生大量的酮体，当酮体生成量大于利用量时，酮体在体内堆积，就会引起酸中毒，进而引起机体疲劳。所以，摄入脂肪含量较高的膳食，使得运动的耐力有所下降。除此以外，过量的脂肪摄入，不仅使体重增加，而且会对循环系统和呼吸系统功能产生影响。

脂肪大部分储存在皮下结缔组织、内脏器官周围，一般脂肪占体重的 10%～20%，肥胖的稍多。脂肪除了由食物获得外，还可以在体内由糖和蛋白质转变而成，脂肪作为含能量最多的物质，起到保护器官、减少摩擦和防止体温散失等作用。

（五）脂肪营养在体能训练中的生理意义

脂肪重量轻，发热量高，对于热能消耗较多的项目膳食有缩小食物体积、减轻食物重量的作用；脂肪提供长时间低强度的运动的热能；体能训练或比赛前不主张摄取高脂肪食物，是因为脂肪的消化吸收慢，影响胃的排空，脂肪在体内氧

---

① 安徽理工大学体育部编写组. 大学体育 [M]. 北京：北京理工大学出版社，2016.

化耗氧量高，运动时利用慢，代谢产物还会增加肝脏和肾脏的负担。

三、蛋白质代谢

蛋白质是一切细胞的主要成分（肌肉组织的主要成分），维持体内组织的生长更新、修复，构成渗透压和酸碱平衡，形成抗体，影响高级神经活动，并供给热能。由各种不同的氨基酸组成不同种类和营养价值各异的蛋白质。目前已经知道的氨基酸有 20 种，包括必需氨基酸（8 种）、半必需氨基酸（2 种）、非必需氨基酸（10 多种）。必需氨基酸是指在体内不能合成的或者其合成速度不能满足代谢需要，必须由膳食中摄取的一类氨基酸。

蛋白质营养在体能训练中的意义：氨基酸氧化提供运动的部分能量，蛋白质的代谢过程不像糖和脂肪那样能在体内储存，所以正常人每日摄取蛋白质的量与他每天所消耗的量几乎是相等的。

蛋白质的需要量与下列因素有关：

（1）训练状态。健身学员在大运动量的初期，由于细胞损伤的增加，蛋白质需要量有所增加。

（2）训练的类型强度、频率。长时间剧烈的耐力训练使蛋白质代谢加强，会增加蛋白质的需要量。

（3）热能短缺和糖原储备不足将增加蛋白质的需要量。即热能摄取不足时，蛋白质的需要量可增加 10%。

（4）需要减轻体重和控制体重项目的运动员，需要适当选择蛋白质营养密度高的食物以满足需要（减肥饮食方案可以考虑）。

（5）素食者应当考虑膳食中有充足的优质蛋白质。

（6）生长发育期的儿童、青少年参加运动训练时，应增加一部分蛋白质营养，以满足生长发育的需要。每千克体重蛋白质需要量为 2～3 克。

（7）运动员在训练中出汗较多时，特别是高温季节，汗液的丢失较多，使蛋白质需要量增加。

蛋白质的来源：肉类（每 100 克猪肉含 13.8～18.5 克蛋白质，牛肉含 15.8～21.7 克蛋白质，羊肉含 14.3～18.7 克、鸡蛋（3.4 克 /100 克）、鱼（18.1 克 /100 克）、鸡肉（21.5 克 /100 克）。

四、运动与水

水分是维持生命的必需物质。运动员体内水分充足才能维持正常的细胞功能和体温，获得最大的体力能力。人身体缺水或身体过热（体温增高）可成为疲劳的一个重要因素，不仅对运动能力有影响，对健康也有威胁。液体在体内叫作体液，人体的体液占体重的60%，包括细胞内液和细胞外液，前者为体重的40%，后者为20%。[①]

体液的生理功能：①构成细胞质。②维持电解质的平衡。③进行化学反应。④氧气、二氧化碳及各种化学物质的溶剂。⑤多种物质的运载体如运来养料运走废物。⑥在运动中肌肉收缩产生的热量由出汗来调节体温。⑦润滑作用，关节液等。⑧内耳的听波传导。⑨维持眼房水的视觉功能。⑩唾液促进吞咽等。

运动员水代谢的特点：①出汗率高。②出汗量大。③能否掌握水分的合理供应，是训练效果好坏的关键。

（一）水的生理功能

1. 水是细胞和体液的主要构成部分

水参与了人体内各种化学反应，任何代谢过程必须有水的参与。水有利于物质代谢的顺利进行，可以溶解很多营养物质，是良好的溶剂。

2. 调节体温功能

水是体温调节的必需物质。因为水的比热高，能吸收较多的热量；蒸发快，使代谢产生的热量可以通过汗液蒸发，从而保持体温恒定。

3. 润滑功能

水的黏度小，在体内对关节肌肉、体腔呼吸道等部位均能起到良好的润滑作用。

（二）体内的水平衡

正常情况下，人体随着体重、年龄、气候、运动和运动强度、膳食代谢状况的变化，需水量也有所不同。正常成人每天需水约2.4～4.0升。人体每千克需水量随着年龄的增长相对减少，到成年趋于稳定。

---

① 黄政德，瞿延晖.2001年中医执业医师资格考试应试指导[M].长沙：湖南科学技术出版社，2001.

1. 体内水的来源

一般人体内的水来源有三种：①饮料水，约 1.2 升。②食物水，约 1 升。③体内代谢水，约 0.3 升。

2. 体内水的排出

人体排出水的主要途径有四种：①呼吸蒸发：经呼吸道蒸发的水约为 350 毫升。②皮肤蒸发：成人每天经皮肤蒸发的水约为 500 毫升。③消化道排出：约为 150 毫升。④尿液排出：是体内水的主要排泄途径，每天排出水约 1500 毫升。

（三）运动与补水

一般人体出现口渴时就已经有 3% 的水丢失，即机体处于轻度脱水状态。所以不能以口渴作为是否脱水的指标。为避免脱水引起运动能力的下降，应提前按少量多次的原则进行补水。这样可以减轻大量补水引起胃肠道和心血管系统的负担。为保持运动能力和最大恢复体力，一般补水总量大于失水总量。

1. 运动前补水

根据项目、天气和个体的情况，运动前补水是很必要的，可以防止运动过程中脱水的发生。一般认为运动前 2 小时饮用 400～600 毫升的含电解质和糖的饮料，或运动前补水 400～700 毫升。补水时要少量多次饮入，如每次 100～200 毫升分几次饮入。如果在短时间内大量饮水就会造成恶心和排尿，对比赛和训练不利。

2. 运动中补水

运动中补水应根据出汗量来定，一般情况下，补水总量不超过 800 毫升 / 小时，总补水量不超过总失水量的 50%～70%。如果运动时间不超过 60 分钟，补充纯水即可；超过 60 分钟，则应补充含电解质和糖的运动饮料。

3. 运动后补水

很多运动员由于运动中补水不足，因此运动后补水就很重要，但不能暴饮。一般补充含糖的饮料或水，以促进血容量的恢复。运动后不能大量饮水，这样会增加出汗和排尿量，使人体的电解质加速丢失，增加肾脏和肝脏的负担，使胃扩张，影响呼吸。

（四）脱水的表现及其对运动能力的影响

大量的出汗如不能及时补充会造成脱水，轻度脱水（脱水量为体重的 2%）时，人会感到口渴，尿量减少：脱水量为体重的 4% 时，会出现严重的口渴、心率加快、体温升高、感觉疲劳和血压下降；重度脱水（脱水量为体重的 6%～10%）时，细胞内水分损失增加，会出现呼吸加快、恶心、食欲丧失、肌肉抽搐、产生幻觉甚至昏迷，对健康有严重的威胁，还可能导致肾脏损坏，引起肾缺血、少尿、无尿、形成泌尿结石等问题。评定体内有无脱水的简易办法是观察尿液的颜色和量，尿液颜色很深、尿量少，常表明体内有缺水情况，体内水分良好时，尿色浅黄，尿量多，无特殊恶臭。所以要注意运动前、运动中、运动后补充液体。

五、几种典型维生素的摄取与运动

维生素又称为维他命，是维持人体正常生理功能和健康所需的一类有机化合物。它虽不能为人体提供能量，但不能缺乏。缺乏某一种维生素都会引起生理功能的障碍。维生素只能在食物中摄取，不能在体内合成。目前已发现的维生素有 20 多种，营养学家根据维生素的溶解特性，把它们分成两大类：水溶性维生素和脂溶性维生素。水溶性维生素是指仅能溶于水的维生素，包括维生素 C 和维生素 B。

（一）维生素 C

维生素 C 又叫抗坏血酸，溶于水，呈酸性，还原性强，易氧化，在遇碱和热的情况下就被破坏，也会和铁等金属离子发生反应失效。

1. 维生素 C 的生理功能

（1）维生素 C 参与蛋白质、脂肪和糖的氧化，参与体内细胞的氧化还原反应，是强抗氧化剂，具有抗氧化作用。

（2）维生素 C 还参与胶原蛋白的构成，可以预防坏血病的发生。

（3）促进铁的吸收。维生素 C 作为铁与铁蛋白之间相互作用的电子供体，可以保持铁处于二价状态，从而增加铁的吸收。

（4）可以预防动脉硬化。维生素 C 促使血清胆固醇浓度下降，防止胆固醇在动脉壁上沉淀，增强血管的韧性，预防心血管疾病的发生。

（5）促进创伤的愈合，提高机体应激能力，提高免疫力。

2. 维生素 C 缺乏的表现症状

维生素 C 缺乏的最早症状是轻度疲劳。典型的维生素 C 缺乏会引起维生素 C

缺乏症，临床表现为疲惫无力，牙床溃烂出血，牙齿松动，骨骼脆化坏死，皮下出血，尤其是活动后呼吸困难。

（二）维生素 B_1

人体所需的维生素 B_1 一般来源于谷类、杂粮、肉类和动物内脏，经常以精米和面以及碳水化合物为主食，而又缺乏其他杂粮及副食补充的人群非常容易患维生素 B_1 缺乏症。典型症状为脚气病，但最初症状为疲乏、肌肉酸痛、头痛、失眠、食欲不佳、心肌收缩无力、心动过速等。

（三）维生素 B_2

维生素 B_2，主要存在于动物性食物中，尤其在动物内脏中含量较高。植物性食物中主要是在绿叶蔬菜和豆类中含量较高。因此以植物性膳食为主的人群易患维生素 B_2 缺乏症。一般表现为口角炎、角膜炎、舌炎、唇炎、脂溢性皮炎、阴囊炎及视力下降等。有医学证明，缺乏维生素 B_2，还有可能诱发食管癌。也有医学证明，维生素 B_2 可以预防偏头痛及某些有关乳酸中毒症和呼吸链遗传缺陷，所以运动员保持体内适量的维生素 B_2 可在一定程度上保持神经系统的兴奋性，不易疲劳。

（四）维生素 A

维生素 A 在植物中叫作胡萝卜素，进入人体可转换为维生素 A。维生素 A 对酸碱热较稳定，但易被氧化。

1. 维生素 A 的生理功能

（1）维生素 A 是维护上皮组织细胞完整性的主要物质，对维护上皮组织的健康起着重要作用。

（2）维生素 A 还是构成视觉细胞内感光物质的重要成分，对人们的视力保护有着重要意义。

（3）促进人体生长发育，特别是骨骼和机体的正常生长。

2. 维生素 A 缺乏或过量的表现症状

维生素 A 在动物肝脏、蛋黄、奶油、全乳及黄、橙、红色蔬菜中含量较高。维生素 A 缺乏的最初症状就是夜盲症以及皮肤粗糙、干眼病、呼吸道抵抗力下降。

严重时可出现失明、机体免疫力下降及上皮组织肿瘤。如果摄入维生素 A 过多则会出现厌食、过度兴奋、头发稀疏、肝肿大、肌肉僵硬及皮肤瘙痒等症状。

（五）维生素 D

维生素 D 是类固醇的衍生物，在阳光下可以在人体内合成，是人类所必需的营养素，是调节人体内钙质稳定的重要因子。

1. 维生素 D 的生理功能

维生素 D 是促进机体骨骼组织矿质化的重要物质，促进人体组织对钙和磷的吸收，保持血液中的钙、磷浓度。

2. 维生素 D 缺乏及过量的表现症状

维生素 D 缺乏会引起骨骼疾病，儿童表现为佝偻病，成人表现为软骨病及骨质疏松症，有时会出现肌肉抽搐现象。维生素 D 过量的情况主要发生在过量补充维生素制剂的个体。维生素 D 过量会出现高钙血症、食欲减退、恶心、口渴、多尿、关节痛等等。

（六）维生素 E

维生素 E 对人体有多方面的影响，可以延缓人体衰老，是人体组织细胞中的重要抗氧化剂。有医学证明维生素 E 对心血管疾病及其癌症有预防作用，也有研究人员把它应用于竞技体育中，帮助人体运动后氧债的消除及功能恢复。

六、矿物质与运动

人体是由 60 多种元素组成的，除碳、氢、氧和氮以外，其余的物质统称为矿物质。矿物质是维持生命、促进生长的极为重要的无机物。

各种矿物质在人体内都有自己的功能，它们之间的关系是相当复杂的。目前人们了解较多的矿物质一般都是因其缺乏能引起具体症状的矿物质。总的来说，矿物质功能有保持人体酸碱平衡、生理反应的催化剂、人体必需的化合物成分、传导神经脉冲、调节肌肉收缩、促进肌肉组织生长六项。

第三章　体能的测试与评价

科学训练，评估先行。在运动时，人体内的一系列生理指标的变化是机体承受运动负荷的客观反映。如果训练强度过小，运动能力的提升不会很明显；如果训练负荷过大，不仅不能提高运动能力，反而会损害身体健康。因此在训练过程中，合理地运用体育科学、实验技术和测评方法来检测与评定运动员的体能状态，成为科学化训练重要的先行环节，对科学选材、医疗保障、运动负荷调控、运动疲劳判定、预防运动损伤、提高运动表现、挖掘运动潜力，有十分重要的意义。本章主要介绍体能的测试与评价，从三个方面进行阐述，分别是体能测试与评价概述、基础体能的测试与评价、运动体能的测试。

第一节　体能测试与评价概述

体能训练是一门科学，科学的训练要以运动员的个人实际为依据。在运动训练过程中，训练活动的起点是运动员的现实状态诊断，科学的测试、诊断、评价是运动训练科学化的基本内容之一，是确立合理的训练目标、制订针对性的训练计划的前提。在竞技体育近百年的发展过程中，科研人员对运动员的生理机能指标、运动能力的测试一直是体育研究的重要内容之一。欧洲国家从 19 世纪末开始应用生理学和生物化学的测试方法对运动员机体状况进行检测和评价。20 世纪 50 年代以来，人们对运动时供能的有氧代谢和无氧代谢过程中的磷酸原系统、糖酵解系统和糖、脂肪、蛋白质的有氧代谢有了清楚的认识，并相继开展了不同负荷刺激下身体机能、生理生化指标的变化规律的探讨。科研人员用心率、血压、肺活量测试了解运动员的基本健康水平、恢复程度，并发明了库尔克试验、台阶试验、PWC170 实验、Wingate 运动测试等方法，评价有氧能力爆发力和机体对不同负荷的反应。为提高运动训练的科学水平，我国在 20 世纪 50~60 年代开始对运动员进行基本的生理生化监控，通过联合机能实验、哈佛台阶试验，采集血乳酸、血红蛋白、尿蛋白等生理生化指标，分析训练效果，进行机能评定，为运动员的大运动量训练提供科学参考。

随着竞技能力理论的出现，人们开始重视对运动员体能、技能、战术能力、心理、智能的综合评价。力量、速度、耐力、灵敏、柔韧等身体素质成为运动员主要的身体训练内容，因此对力量、速度、耐力的测试与评价成为热点。最大力量测试、爆发力测试、等速测试等与运动能力高度相关的指标体系，受到教练员、运动员、科研人员的高度重视。近几十年来，竞技体育发展迅速，比赛对抗激烈，对体能的要求在提高，一些有世界影响力的赛事协会开始重视本体系职业运动员的体能测试，如美国 NBA 有自己专门的测试体系指标。美国体能教练协会认为，测试和能力评价的方法对于全面评价球员至关重要，通过这些方法，可以客观地反映出运动员的速度、力量、爆发力、灵敏和柔韧能力，以使运动员能适应激烈的对抗并减少危险。我国也制定了优秀篮球运动员机能评定指标：身体成分、中央视力、周围视力、心率、比赛后即刻心率、血压、心电图、血红蛋白、血清睾酮、血清肌酸激酶、血尿素、血乳酸、最大摄氧量等。

人们对健康的关注也促进了各国对国民的基本运动能力、健康水平的测试与评价的重视，各国相继推出国民体质或青少年身体素质测试标准。美国体质测试内容主要包括心肺功能耐力（有氧代谢能力）、身体成分、肌肉力量、耐力和柔韧性、腹部肌肉力量与耐力、上肢肌肉力量与耐力、躯干力量及柔韧性、灵敏性。中国体质健康测试组件主要体现在心肺功能、速度与灵敏、肌肉力量与耐力、柔韧性。2014 年我国制定了新的学生体质测试标准（见表 3-1），以促进学生对体育运动、身体健康的重视。

表 3-1　国家学生体质健康标准测试项目（2014 年修订）

年级	测试项目
所有年级	体重指数（BMI）；肺活量
小学 1～2 年级	50 米跑；坐位体前屈；1 分钟跳绳
小学 3～4 年级	50 米跑；坐位体前屈；1 分钟跳绳；1 分钟仰卧起坐
小学 5～6 年级	50 米跑；坐位体前屈；1 分钟跳绳；1 分钟仰卧起坐；50 米 ×8 往返跑
初中、高中、大学各年级	50 米跑；坐位体前屈；立定跳远；引体向上（男）；仰卧起坐（女）；1000 米跑（男）/800 米跑（女）

随着核心力量训练、功能性训练在体能训练领域的出现，科研人员、体能教

练开始用功能性动作测试、星型平衡测试、Y型平衡测试对运动员的动作效率\平衡能力、潜在伤病因素及康复水平进行评价。在此基础上强化体能训练的科学性，设计专门的训练计划，提升运动员的运动表现，成为新的发展趋势。但这些新的测试方法的作用也被人们怀疑，因为它并不能直接反映运动员的运动水平。

到目前为止，竞技体育领域已经形成了身体机能测试、体质或基本运动能力测试、身体功能性测试、专项体能测试的完整测试、评估体系（见表3-2），以期为制订更合理的训练计划、提升训练效率、促进运动员运动表现提供科学的依据。目前，结合专项特点对运动员进行功能性动作效率测试与训练，被认为是判断运动员伤病风险及提高运动表现的重要方法。但任何测试都有局限性，人体的运动表现是复杂的，能够准确反映成绩水平的只能通过比赛本身，因此，要综合地运用多种方法进行测试、评价，减少盲目性。

表3-2　体能测试、评价体系表

类别	亚类	内容
身体机能测试	心血管系统	心率、血压等
	呼吸系统	肺活量及指数等
	代谢机能	无氧、有氧代谢等
体质测试或基本运动能力测试	速度素质	反应、动作、位移速度等
	力量素质	最大力量、爆发力、力量耐力等
	耐力素质	无氧、有氧耐力等
	柔韧素质	体前屈、肩部、俯卧背伸等
	灵敏素质	10秒钟象限跳、立卧撑等
身体功能性测试	核心力量	八级腹桥、七级背桥、六级侧桥等
	功能性动作测试（FMS）	成体系的七个动作
专项体能测试	结合专项需要进行的身体机能、运动素质、专项能力的综合性测试	YOYO体能测试、专项折返跑、专项力量、专项灵敏性等

第二节　基础体能的测试与评价

体能可分为基础体能和运动体能。基础体能是指人体各器官系统的机能能力；运动体能是指从事运动所需的速度、力量、灵敏性、协调性、平衡和反应等。运动体能与基础体能成分有重叠之处，如心肺耐力、肌肉力量、肌肉耐力、柔韧性和身体成分等，体能成分无论是对健康还是对技能性要求较高的运动都是十分重要的。对体能的测试与评价包括对基础体能和运动体能的测试与评价。

基础体能是指人体各器官系统的机能能力，包括机体新陈代谢的功能以及各器官系统的工作效能，类似于身体机能的概念。通过对基础体能的测试，可以了解身体机能的状况和体质水平，并可以反映身体锻炼或运动训练的效果。基础体能的测试包括心血管系统机能、呼吸系统机能、代谢机能等方面，在做体能评价时要根据所测指标予以综合评定。

随着科学技术的进步，新的仪器设备不断投入到测试体系中，如各种跑台测试、监测训练负荷的遥测技术等。但传统的测试方法仍然有效，本书主要进行简单介绍。

一、心血管系统机能测试与评价

心血管系统是由心脏和血管组成的闭合管道，其功能反映一个人的发育水平、体质状况与运动训练的水平。对心血管系统机能进行测试在一定程度上可以反映体能的状况，常用心率和血压来进行评定。

（一）心率

心率是每分钟心脏搏动的次数，以次/分表示。正常人动脉脉搏频率和心跳频率一致，因此可用测量脉搏频率来表示心率。作为循环系统机能状况的一个指标，心率可反映心脏机能的工作状况。常用的心率指标主要有基础心率、安静心率、运动中心率和运动后心率。

1.心率的测定

心率测定的方法有心音听诊法、指触法和心率遥测法。指触法通常可以测定的部位有颈动脉、桡动脉和肱动脉。每次测10秒，乘以6即是1分钟的心率数。测定类别包括：基础心率、安静心率、运动中心率和运动后心率。

2.心率的评定

心率的评定方法主要有：立位、卧位姿势脉搏差，30秒钟深蹲定量负荷测试，库尔克试验，台阶试验等方法。举两种方法说明：

（1）30秒钟深蹲定量负荷测试

首先让受试者静坐5分钟，测15秒钟脉搏，乘以4得1分钟脉搏数（P_1）；然后做30秒钟30次起蹲，最后一次站起后测15秒钟即刻脉搏，乘以4得1分钟脉搏数（P_2）；休息1分钟后，再测15秒钟脉搏数（P_3）。

评定指数 =（$P_1+P_2+P_3-200$）/10

正常情况下心率可在运动后3分钟内完全恢复，如果身体疲劳，恢复时间将明显延长。根据上述公式，计算出心脏功能指数，指数的大小可以反映心脏功能的好与差，也反映了训练水平的高低。经常从事体育运动，心脏机能逐渐提高，安静时脉搏降低。固定负荷运动时，身体出现机能节省化，运动后的心率不会显著变化，运动停止后恢复较快，因此计算出的指数较小。根据指数，评价标准依次是：最好（小于或等于0）、很好（0～5）、中等（6～10）、不好（11～15）、16以上为很不好。

（2）台阶试验

12岁以上（不含12岁）台阶高度，男40厘米，女35厘米；12岁以下（含12岁）台阶高度30厘米。用2秒钟上下1次台阶的速度，连续不停地做3分钟上下台阶运动。做完后取坐姿，测量恢复期第2、3、4分钟前30秒的心率。计算公式为：

台阶指数 = 上、下台阶的连续时间（秒）×100/2×（3次测量脉搏数的总和）

如表3-3所示，为青年大学生台阶指数的评价标准。

表3-3　大学生台阶指数的评价标准

性别	优秀	良好	及格	不及格
男	54以上	46～53	40～45	39以下
女	52以上	44～51	25～43	24以下

台阶实验指数可以在很大程度上代表心脏血管系统的机能水平。指数越大说明心血管机能水平越高，指数越小说明心血管机能水平越低。长期的有氧运动可以改善心血管系统的机能，因此在台阶实验中，定量负荷运动时，心率次数降低，停止运动后心率恢复到安静水平的时间减少，表现为台阶实验指数增加。

（二）血压

血压指血液流动时对血管壁所造成的侧压力，一般指体循环中的动脉血压在一个心动周期中，心室收缩时动脉血压上升达到的最高值称为收缩压，心室舒张时动脉血压下降达到的最低值称为舒张压，收缩压与舒张压的差值称为脉压。

人体动脉血压测量一般采用听诊法，测量部位为上臂肱动脉。用血压计的压脉带充气，通过在动脉外加压，根据血管音的变化来测量血压。正常人安静时动脉血压较为稳定，变化范围较小，收缩压为90～120毫米汞柱，舒张压为60～90毫米汞柱，脉压为30～50毫米汞柱。一般情况下运动员的收缩压在正常值水平，舒张压在正常值的下限范围，血压为95～115/55～75毫米汞柱。通常血压的评定指标有晨起血压和运动时血压的变化。

1. 布兰奇心功指数

布兰奇心功指数是通过测量心率和血压，按照以下公式计算而来：

布兰奇心功指数 = 心率（次 / 分）×[收缩压（毫米汞柱）+ 舒张压（毫米汞柱）]/100

采用布兰奇心功指数评价的特点是评定心率的同时考虑了血压因素，因而能较全面地反映心脏和血管的机能。布兰奇心功指数在110～160为心血管机能正常，平均值是140；大于200为紧张性增高反应；小于90为紧张性低下反应。

2. 耐力系数

耐力系数 = 心率 ×10/ 脉压

耐力系数的正常值为16，心脏功能越好，指数越小。

3. 体位平均血压指数

卧位血压差 =（收缩压 - 舒张压）/3+ 舒张压；

立位血压差 =（收缩压 - 舒张压）/3+ 舒张；

体位平均血压指数 =（立位血压差 - 卧位血压差）/ 立位血压差 ×100

体位平均血压指数在0.0以上为上等，0.0～-18为中等，-18以下为下等。

二、呼吸系统机能测试与评价

呼吸系统的主要功能是与外界进行气体交换，对呼吸系统机能进行评定主要从肺通气功能的量和对呼吸运动控制能力的质两个方面来进行。肺通气功能的主要指标是肺活量，呼吸运动控制能力可以通过闭气试验得到反映。

（一）肺活量和肺活量指数

肺活量是一次呼吸时的最大通气量，在一定程度上反映肺的通气功能水平。肺活量的大小取决于呼吸肌的力量、肺和胸廓的弹性等。肺活量与体重的比值为肺活量指数，是反映肺通气能力的常用指标，其值越大，说明呼吸系统的机能越好，是基础体能测试中常用的一项指标。

正常成年人肺活量的平均值，男性为 3500～4000 毫升，女性为 2500—3500 毫升。中国青少年肺活量指数正常值范围为：男生 63.2～68.9 毫升 / 千克；女生 55.5～59.5 毫升 / 千克。如表 3-4 所示，为大学生肺活量指数评价标准。

表 3-4　大学生肺活量指数评价标准（毫升 / 千克）

性别	优秀	良好	及格	不及格
男	≥ 70 以上	57～69	44～56	≤ 43
女	≥ 57 以上	46～56	32～45	≤ 31

肺活量和体重指标都可以通过体育锻炼得到改善，最终表现为肺活量指数的升高。另外，体重增加而肺活量未得到提高，肺活量指数就会下降，说明呼吸系统的机能也降低了。

（二）时间肺活量

以最大吸气后在一定时间内尽快能呼出的气量为时间肺活量，是动态反映呼吸机能的一项有效指标，用专门的实验仪器进行测试。健康成年人第一秒平均值约为 83%，第二秒约为 96%，第三秒约为 99%。

（三）5 次肺活量试验

5 次肺活量试验主要测定呼吸肌的耐力，方法是受试者取站立位，每 15 秒钟测量 1 次肺活量，共测 5 次。15 秒钟时间既包括吹气时间，也包括休息时间，因此，在 75 秒之内测量 5 次肺活量。5 次测量结果基本接近或逐渐增加为机能良好；反之逐渐下降，尤其是最后 2 次显著下降则为机能不良。

（四）最大通气量

最大通气量是指人体以适宜的呼吸频率和呼吸深度进行呼吸时所能达到的最

大限度的每分钟通气量，它反映受试者的通气贮备能力，与机体的健康水平和训练程度密切相关。最大通气量越大，说明呼吸系统潜在功能越强。正常成年人的平均值，男性为 100 升，女性为 80 升。

三、代谢机能测试与评价

体能与机体的代谢能力有关，代谢能力的大小归根结底取决于能量的供给与利用能力，其中 ATP 的合成与利用是关键。根据运动时骨骼肌 ATP 合成和利用的途径，可将机体的代谢系统分为无氧代谢系统和有氧代谢系统。无氧代谢能力主要指磷酸原供能系统和糖酵解供能系统的供能能力；有氧代谢能力和机体转运氧和利用氧的能力有关，因此，对体能的测试离不开对机体代谢能力的测试。下面介绍常用的代谢机能测试方法。

（一）无氧代谢能力的测试与评价

无氧代谢能力指机体在磷酸原和糖酵解供能条件下的做功能力，通常可以在实验室通过各种测功器械，对运动员整体做功能力进行综合评定。根据磷酸原和糖酵解供能系统供能的特点，测试时要求在不同的时间里达到相应的最大运动强度。通常利用最大输出功率、平均输出功率、疲劳指数等指标来评定无氧代谢能力的大小。

1.磷酸原系统供能能力的测试

磷酸原系统供能能力的测试方法主要有 Quebec 10 秒运动测试磷酸原能商法（Alactic Quotient，AQ）、30 米跑测试、纵跳法、玛格里亚卡耳曼测试（Kalamen-Margaria）。

（1）纵跳法

无氧供能能力功能与纵跳摸高的高度和体重有关，根据纵跳摸高的高度和体重可间接推算无氧供能能力。首先测量受试者的体重，标记站立摸高的高度，然后用力原地向上跳起，达腾空最高点时做一个标记，测量站立摸高与纵跳摸高的垂直距离即为纵跳高度。

（2）玛格里亚卡耳曼测试（Kalamen-Margaria）

受试者先称体重，然后站在离台阶 6 米处。令受试者以 3 级 1 步的最快速度跑上台阶，一直跑至 12 级，记录通过由第 3 级到第 9 级的时间（电动计时的开关在第 3 级和第 9 级，当受试者脚踏上第 3 级时，开动计时器，而跑到第 9 级时计时器停止，通常大约 0.5 秒）。测试 3 次，取 1 次最短时间。

根据公式计算功率：功率（千克·米 / 秒）＝体重（千克）× 第 3 级到第 9 级的垂直距离（米）/ 第 3 级到第 9 级的时间（秒）。

2. 糖酵解系统供能能力的测试

糖酵解系统供能能力的测试包括 30 秒 Wingate 运动测试、60 秒 Wingate 无氧测试、60 秒最大负荷测试、45 秒乳酸能商法（Lactic Quotient，LQ）等。

（1）30 秒 Wingate 运动测试

测试时采用功率自行车，要求受试者尽可能快蹬，在 3～4 秒内调整到规定阻力负荷，同时开始计时，进行 30 秒钟全力车运动。阻力系数以 Monark 型为 75 克 / 千克体重作为参考值，同时可根据训练水平进行调整。评定指标有 30 秒平均功率、输出总功率、最高功率（5 秒内最大输出功率）、疲劳指数，其中疲劳指数＝（最高功率－最低功率）/ 最高功率。评定结果中输出功率和输出总功率值大、疲劳指数小表示供能能力越强。

（2）60 秒最大负荷测试

60 秒最大负荷测试是用来评定人体最大糖酵解供能能力的一种方法。操作过程如下：首先测定受试者运动前安静时正常的血乳酸值，然后让受试者在田径场全力跑 400 米或者在跑台上全力跑 1 分钟，再测试运动后血乳酸的最高值，分别记录数据。评价如下：

①运动后血乳酸浓度在 14～18 毫摩尔 / 升，可以初步判定糖酵解供能能力好；

②运动后血乳酸浓度在 9～10 毫摩尔 / 升及以下，则说明糖酵解供能能力差；

③可以用来评价一个训练阶段的效果，如果经过一个训练阶段运动成绩提高，而且血乳酸值也同时升高，则表明糖酵解供能能力提高，训练效果良好；

④一个训练阶段后成绩提高，但血乳酸值不变，说明运动员有潜力；

⑤训练后血乳酸不变或升高而成绩下降，则表明这一阶段的训练效果不理想，运动员机能水平下降。

（二）有氧代谢能力的测试与评价

有氧代谢供能是机体长时间运动时主要的供能方式，主要与低强度、中等强度或亚极量强度运动，且超过 2～3 分钟以上的运动项目有关。有氧代谢供能能力的大小可以通过测试乳酸阈等指标来反映。主要方法有乳酸阈测试、最大摄氧量（VO_2max）测试等方法。其中最大摄氧量（VO_2max）测试主要采用 12 分钟跑推算法等。

1. 乳酸阈测试

乳酸阈是指在递增负荷运动时由有氧代谢供能到大量动用无氧代谢供能的临界运动强度，反映了长时间运动中血乳酸保持稳态水平时的最大有氧代谢能力，此时血乳酸释放入血的速度等于血乳酸最大消除速率。通常用血乳酸浓度达 4 毫摩尔 / 升时所对应的摄氧量、功率或运动速度来表示。

乳酸阈的测定方法很多，一般都是以乳酸—功率曲线为原理，采用逐级递增负荷方法测定，起始负荷和递增负荷的大小取决于运动员的性别、年龄和训练程度。例如，跑台的起始负荷一般无训练者为 2.5 米 / 秒，中等训练水平的男子或具有高度耐力训练的女子为 3.0 米 / 秒，高水平耐力训练的男子为 3.5 米 / 秒。在安静状态以及每次负荷后即刻准确取血测定血乳酸浓度。以功率为横坐标，血乳酸浓度为纵坐标，把各负荷后的血乳酸值在相应点上标记，并连成一条曲线。取对应于 4 毫摩尔 / 升血乳酸浓度的功率值为乳酸功率。乳酸阈处对应的跑速越快（或功率越大），则有氧能力越强。当运动员有氧运动能力提高后，曲线会右移。

乳酸阈较 VO_2max 能更客观地反映运动员的有氧代谢能力。一般 VO_2max 高的运动员乳酸阈值也高，在较长时间的耐力运动中，乳酸阈强度比 VO_2max 更能预测运动成绩，因为比赛时跑速非常接近乳酸强度。而较短时间的有氧运动强度实际上超过 VO_2max 强度，此时用 VO_2max 表示已没有意义。大量研究证明，经系统训练后，运动后乳酸升高的幅度下降，而 VO_2max 变化则不大，所以使用乳酸阈比 VO_2max 更具实用性和科学性。

2. 12 分钟跑推算法

12 分钟跑测试是让受试者全力跑 12 分钟，测量跑的距离，根据 12 分钟跑的成绩推算 VO_2max。肯尼斯·库珀（Kenneth H.Cooper）在 1968 年出版了《有氧代谢运动》，证明了 VO_2max 与 12 分钟跑的距离之间呈高度相关，相关系数为

0.897。日本的研究结果也证实了库珀的结果，且无年龄和性别差异，因此，可以通过 12 分钟跑的成绩间接推算出每千克体重的 VO_2max。一般从事耐力项目运动员的 VO_2max 比其他项目运动员要高。测试前受试者要充分做好准备活动，在跑的过程中尽量快跑，但在开始和结束时，应避免全速跑和冲刺跑。

可通过下面的公式来评价受试者的 VO_2max：$VO_2max=35.97S-11.92$，S 为所跑的距离，单位为英里。

在测定 VO_2max 时要求全身各器官系统尤其是心肺功能充分动员，使尽可能多的肌群参与运动，功率输出达到最大。当有氧代谢系统达到最大供能状态时，已经有相当多的糖酵解参与供能，血乳酸可达 9 毫摩尔 / 升以上，平均血乳酸浓度范围是 9~12 毫摩尔 / 升，未见明显的专项特点。因此，血乳酸可以作为 VO_2max 测定的辅助指标。先测安静时血乳酸值，然后让受试者在做准备活动后进行 12 分钟跑，记录 12 分钟的最大跑距和跑后 3 分钟、5 分钟、10 分钟、15 分钟血乳酸值，用跑距和血乳酸值来综合评定。评价时跑的距离长、跑后血乳酸消除速度快，是有氧代谢能力强、机能状态好的表现；跑的距离短、跑后血乳酸消除速度慢，是有氧代谢能力差、训练水平低的表现。

由于 VO_2max 值代表机体整体利用氧的最大能力，测定时要注意以下几点：①必须使全身各器官系统尤其是心肺功能充分动员；②让尽可能多的肌肉群参与运动；③功率输出达到最大。耐力运动员随着运动成绩和有氧代谢能力的不断改善，VO_2max 值增大，其对应的血乳酸值出现下降。

人体进行有氧耐力运动时，VO_2max 反映机体呼吸循环系统氧的运输工作的能力。VO_2max 是有氧耐力的基础，其值越大，有氧耐力水平越高。VO_2max 可以用于有氧工作能力的评价和耐力运动员的选材。

第三节　运动体能的测试

运动体能与身体素质有关，身体素质是运动体能的外在表现。身体素质也称身体适应性，是指人体在运动过程中所表现出来的速度、力量、耐力、灵敏、柔韧、平衡、协调等机能能力的总称，是人体各器官系统的机能在肌肉工作中的综合反映。这种机能能力不仅与人体解剖、生理特点有关，而且与锻炼程度、营养状况密切相关。它是掌握运动技术、提高锻炼效果的基础。身体素质是决定运动体能的重要基础，目前的体质测试基本与运动体能测试类似。这里主要介绍力量、速度、耐力、柔韧和灵敏素质的测量和评价。

一、力量素质测试

力量素质是指人体神经肌肉系统在工作时克服或对抗阻力的能力。力量素质可分为最大力量、快速力量、爆发力、相对力量、力量耐力等。根据肌肉收缩的形式可分为等张性力量和等长性力量。力量是反映人体运动能力的重要指标。

（一）最大力量的测试

最大力量既可在静态条件下测定，亦可在动态条件下测定。这种方法的优点在于，当器械以各种不同速度运动时都可以表现出最大力量。

1. 握力测试

测量受试者臂部、手部肌肉的力量。具体测试步骤为：

（1）握力计指针调至零点。受试者手持握力计，转动握距调整螺丝，使中指第二关节屈成 90° 时为最佳握距。

（2）测试时，受试者两脚自然分开（约一脚距离），身体直立，两臂自然下垂，持握力计的手掌心向内，握力计的指针向外。用全力握握力计的内、外柄。每只手握 2 次，分别记录最好成绩。取最好成绩与自身体重相比为握力指数（握力 / 体重）。注意在用力抓握的过程中，上肢和躯干保持垂直于地面。

2. 背肌力测试

测量受试者背部肌肉的力量。具体方法为：

受试者双足站在背力计的底盘上，调节拉杆高度（拉杆高度与受试者膝盖上缘平齐）。受试者上体前倾，双手正握拉杆，身体用力上抬。注意拉时膝关节保持伸直，不要猛然用力。测 2 次，记录最佳成绩（千克），然后使指针回零。

3. 卧推测试

卧推主要用于最大等张肌肉力量的评价，通常以能够一次成功举推的最大重量，即 1 次重复重量（One-Repetition Maximum，1RM）的大小表示。测试过程中卧推的起始重量通常低于 1RM 重量。在成功完成该负荷的测定后，休息 2～3

分钟，继续推举新的重量直至1RM重量。一般情况下，每次增加重量的幅度不要超过2.5千克。如表3-5所示，为最大负重（1RM）测试方法及具体步骤，在举不起时可适当减重，组间休息2～3分钟。身体其他部位、下肢最大力量（半蹲）的测试遵循同样方式。

表3-5　最大负重（1RM）测试方法及步骤

步骤	强度	重复次数	备注
1	60% 左右	8～10	热身
2	75% 左右	3～5	热身
3	90%	1	
4	100%	1	
5	100%+2.5 千克	1	注意帮助

4.等速测试

等速测试可以测量人体各个关节的最大力量、力量耐力、爆发力，可以通过数据对比对人的肌肉状况进行诊断，要利用专门的仪器进行。等速测试由于速度是可调的，而且测试过程中随时可以停止，因此极为安全，也被广泛用于肌肉康复练习。利用等速测试实施肌肉力量检测与评价通常是在30～180度/秒关节运动角速度，在慢等速运动条件下进行时，由于此时加载于肢体的负荷阻力最大，因此，慢等速测试常被用于进行最大动态肌力检测与评价。

等速肌肉力量测试的主要评价指标为峰力矩（Peak Torque，PT）它是力矩曲线最高点所代表的力矩值，单位为牛·米。每千克体重的峰力矩称峰力矩体重比。此值可供横向比较，有高度特异性及敏感性，是最有价值的动态肌肉力量评价指数之一。以膝关节伸肌为例，受试者取坐位于等速肌肉力量测试系统的测试椅上，腿部、躯干固定。调节等速肌力测试系统的膝关节运动角速度为60度/秒，设定最大运动重复次数为5次。运动试验开始时，要求受试者尽最大努力完成膝关节屈伸运动，记录受试者每次最大收缩的结果，取最大值代表膝关节伸肌的最大等速肌力。

利用等速测试评定力量时，要注意根据专项特点制定不同的评定标准，还要重视对对抗肌群力量的评定。在评定伸肌力量时，要重视对屈肌力量的评定，既要重视对局部主要运动环节力量的评定，又要重视对整体用力效果的评定。

（二）快速力量的测试

快速力量的大小，通常可采用动力曲线描记图分析评定，例如：下肢蹬地力量或上肢击打力量的动力曲线描记图。通过计算快速力量指数也可评定快速力量。三维测力台和上述等速测力仪都可以用于快速力量和下肢爆发力的测试。

（三）爆发力的测试与评定

爆发力指肌肉快速收缩发出的力，是完成许多动作和位移运动必不可少的重要素质，常以立定跳远或原地纵跳来评定下肢的爆发力。

1. 立定跳远

立定跳远用来测试下肢肌肉力量及身体协调能力的发展水平。测试方法为：

（1）被测者两脚自然分开站立，站在起跳线后，脚尖不得踩线。

（2）两脚原地同时起跳，不得有垫步或连跳动作。

（3）丈量起跳线后缘至最近落地点后缘的垂直距离。

（4）跳3次，记录其中最好一次成绩。以厘米为单位，不计小数。

2. 原地纵跳法

原地纵跳主要反映受试者垂直向上跳跃时下肢肌肉的爆发力。首先测量受试者原地摸高（指尖）的高度，然后原地用力向上跳起，达腾空最高点时做一个标记，测量站立摸高与起跳摸高的垂直距离即为纵跳高度。测3次，取最好成绩。

（四）相对力量的测试

相对力量是指每千克体重所具有的最大力量，所以其评定可在对最大力量测定的基础上进行，用最大力量与体重之比值为相对力量（每千克体重）。

（五）力量耐力的测试

对力量耐力的评定多采用多次重复完成动作的方法，根据重复的次数进行评定。通常采用1分钟仰卧起坐、俯卧背伸计时、1分钟俯卧撑等方法进行测试。

1. 1分钟仰卧起坐

仰卧起坐测量受试者腰腹部肌肉的力量耐力。

受试者全身仰卧于垫上，两腿屈膝成90度角，两手指交叉贴于脑后，一个同伴压住两腿关节处。起坐时，以双肘触及同侧膝关节为成功一次。仰卧时，两肩胛骨必须触垫。测试时，测试人员发出"开始"口令开始坐起，同时开表计时，记录1分钟所完成的次数，注意控制脊柱不宜过度弯曲。如表3-6所示，为普通人1分钟仰卧起坐评定标准。运动员的仰卧起坐能力要明显好于普通人。

表3-6 普通人1分钟仰卧起坐评定标准

年龄组	性别	1分（差）	2分（一般）	3分（较好）	4（好）	5分（优秀）
20~24	男	23~27	28~35	36~47	48~55	≥56
	女	1~5	6~15	16~25	26~36	≥37
25~29	男	20~25	26~33	34~45	46~50	≥51
	女	1~3	4~11	12~20	21~30	≥31
30~34	男	16~20	21~28	29~39	40~46	≥47
	女	1~3	4~10	11~19	20~28	≥29
35~39	男	12~18	19~25	26~35	36~42	≥43
	女	1~2	3~6	7~14	15~23	≥24

2.1分钟俯卧撑

测试受试者肩部、臂部和胸部的肌肉耐力。

受试者身体成俯卧姿势，并用两手撑地，手指向前，两手间距与肩同宽，两腿向后伸直，用脚尖撑地。然后屈臂使身体下降，使肩与肘接近同一个平面，躯干、臀部和下肢要挺直，当胸离地2.5~5厘米时，撑起恢复到预备姿势为完成一次。在1分钟之内连续完成以上动作，计算总的完成次数。

严格按要求完成动作，不能塌腰和抬臀，否则不计次数。如表3-7所示，为普通男子1分钟俯卧撑标准。

表3-7 普通男子1分钟俯卧撑评价标准

年龄组（岁）	1分（差）	2分（一般）	3分（较好）	4分（好）	5分（优秀）
18~20	4~11	12~19	20~29	30~39	≥40
21~22	3~9	10~16	17~25	26~33	≥34

二、速度素质测试

速度是指人体进行快速运动的能力，包括人体对外界信号刺激做出快速反应、快速完成动作以及快速位移的能力。因此，速度素质包括反应速度、动作速度、位移速度。反应速度是指人体对各种信号刺激（声、光、触等）快速应答的能力；

动作速度是指人体或人体某一部分快速完成某个动作的能力；位移速度是指人体在特定方向上快速移动的能力。影响速度的因素是多方面的，如肌肉的力量、肌纤维类型、中枢神经系统的机能状态、条件反射的巩固程度、年龄、性别、体形、柔韧性及协调性等。因此对速度素质的测试通常包括反应速度、动作速度、位移速度能力的测试。

（一）反应速度测试

反应速度的测试通过测定反应时来进行，用突然发出的信号来统计运动员对简单信号的反应能力。反应时是指从机体接受刺激到做出应答所需要的时间，也叫反应的潜伏期，是指从刺激开始呈现到做出反应之间所经历的时间。反应时的测定方法主要有对光、声反应时，即视觉和听觉反应时的测试。在实验内容上有复杂反应时和简单反应时两大类，其中复杂反应时又包括选择反应时、辨别反应时等的测试。简单反应时主要有光反应时测试、手反应时测试、全身跳跃反应时测试等。下面主要介绍光反应时和全身跳跃反应时测试步骤。

1. 光反应时测试

利用仪器检测受试者机体视觉反应时的快慢，具体测试步骤为：

（1）打开电源，待仪器所有灯熄灭，屏幕数字显示 0.000 后，可按键开始测试。

（2）受试者按"启动"键在 0.5~3 秒后（该时间任意变化），反应时键 1~5 号中任一键，发光有音响，这时食指离开"启动"键（即受试者按"启动"键后信号发出到食指离开"启动"键的时间）。这段时间表示简单反应时（第一个反应时间）。

（3）LED 显示简单反应时，同时受试者的食指以最快速度按向给出信号的键，一旦食指按下键，灯光信号随时停止，LED 显示综合反应时（第二个反应时间）。

（4）上述（2）与（3）步骤连续操作 5 次后，按"功能"键，出现的第一组数据显示的是简单反应时的平均值，再按一次"功能"键，显示综合反应时的平均值，再按一次"功能"键，结束本次测试。

2. 全身跳跃反应时测试

测试全身跳跃动作时的反应时。具体测试步骤为：

（1）受试者站在跳台上，膝关节微屈。

（2）以光或音响为信号，当接受指令后，尽可能快地垂直跳离跳台。

（3）用表面电极法记录受试者的小腿肌电图，通过示波器记录从信号到肌电图发现的时间（反应开始时间），从信号到脚离开跳台的时间（全身反应时）。

（4）连续测量3次取其平均值，以毫秒为单位记录。

一个完整的反应过程由五部分组成：①感受器将物理或化学刺激转化为神经冲动；②神经冲动由感受器传到大脑皮质；③大脑皮质对信息进行加工；④神经冲动由大脑皮质传至效应器；⑤效应器做出反应。因此，通过反应时的测试可以用来评定反应速度的快慢。

（二）动作速度测试

动作速度是指人体或人体的某一部分完成单个动作或成套动作的快慢以及单位时间内重复动作次数多少的能力。这往往寓于某一个技术动作之中，如抓举的动作速度、跳跃起跳的动作速度、游泳转身的动作速度等，所以动作速度的测量是与技术参数测定联系在一起的，如测出手速度、起跳速度、角速度、加速度等。

1. 坐姿快速踏足

测量受试者两脚快速交替重复特定动作的能力。受试者坐在快速动作频率测试车车鞍上，两手扶车把，大腿成水平状，膝关节成90度，两脚快速上下交替做踏足动作，记录计时器的数值（10秒钟内重复动作的次数）。测3次，每次测10秒钟，取最好成绩。踏足次数越多，则受试者的动作速度越快。

2. 两手快速敲击

测量受试者两手快速交替重复特定动作的能力。首先，调节金属触板。受试者站在测试台前，两手各持一根金属棒，食指按住棒的前端，听到信号后，两手快速交替敲击金属触板，记录计时器的数值（10秒钟内重复动作的次数）。测3次，每次测10秒钟，取最好成绩。敲击次数越多，则受试者的动作速度越快。

（三）位移速度测试

通常采用短距离的极限强度跑来进行测试。常采用定距计时或定时计距的方法来测量，定距计时要求跑的距离不要过长，可用30～60米的距离。可测定2～3次，取最好成绩。定时计距可用4秒或6秒冲刺跑等方法来进行。测试时要在受试者不疲劳、神经兴奋性高的状态下进行。也可以测试绝对速度即不从起跑计时，而测定以最高速度跑过某段距离的能力，预跑距离在 10～15 米间。

1.30 米跑

30 米跑主要测试受试者快速跑动的能力。受试者采用站立式起跑，听到发令声后快速跑向终点，记录成绩。测 2 次，取最好成绩。50 米、60 米跑测试同 30 米跑测试的要求一样。

2.4 秒或 6 秒冲刺跑

受试者站立于起跑线，可采用任意方式起跑。听到发令声后快速跑动，当听到停跑声后立即停止跑动，记录受试者所跑动的距离。测 2 次，取最好成绩。

三、耐力素质测试

耐力是体能的组成部分，也是人体运动能力的构成要素。训练学理论把耐力素质看作是人体在尽可能长的时间内进行一定强度运动的能力。许多项目在进行运动竞赛时都要持续一定长的时间，因此耐力也被看作是对抗疲劳的能力。耐力是一种综合能力，是人体各器官系统机能和意志品质的整体表现，同时耐力素质指标可以用来评价人体机能水平和体质强弱。人体的耐力素质可以按照不同的生理系统进行分类，包括肌肉耐力和心血管耐力。肌肉耐力和力量有相互关联，因此也被称为耐力力量。心血管耐力的提高与氧的输送和利用息息相关，而这一耐力可被划分为有氧和无氧两种形式。根据耐力素质与专项的关联，可将耐力素质区分为普遍耐力和特定耐力。通常所说的耐力是基础耐力，它对于提升专项运动的成绩仅具有间接促进作用。说得更简单些，专项耐力就是指在专项运动中保持一定强度的能力，这能直接影响到运动员的成绩提升。目前，常见的测量有氧耐力的方法有很多。其中，经常使用的方式是通过规定距离来进行计时和位移运动的测定，比如 1500～10000 米的跑步、400～3000 米的游泳、100～200 千米的自行车骑行以及 5000～10000 米的划船。此外，还可以采用定时计量的方式，比如 12 分钟跑等。上述基础体能的耐力测试仍然有效，方法相同，不再赘述。

通常最大摄氧量（VO_2max）在耐力测试中较为常用，既可以判定耐力水平，也可以用来指导耐力的训练。我国正常成年男子 VO_2max 为 3.0～3.5 升 / 分，相对值为 50～55 毫升 /（千克·分）；女子绝对值约为 2.0～2.5 升 / 分，相对值为 40～45 毫升 /（千克·分）。

四、柔韧素质测试

柔韧素质指人体关节的多方向运动能力和软组织如肌肉、韧带的伸展能力。柔韧性的表现体现在关节的运动幅度上，即通过一定的运动轴让身体产生转动的活动范围。柔韧性可以分为通用柔韧性和专业柔韧性两种。通常所指的柔韧度指的是身体最主要关节的活动范围，例如肩、膝、髋等关节，这在各种运动中都是不可或缺的。专项运动所需的特殊柔韧性被称为专业柔韧度，如武术运动中的下腰、体操运动中的横叉等。专门柔韧素质是掌握专项运动技术必不可少的条件。

测量与评定柔韧素质带有局部性的特点，其测量方法和手段均涉及身体有关部位完成动作时的活动幅度。一般来说，年龄越小，柔韧性越好，随着年龄的增大，柔韧性会越来越差。良好的柔韧素质不仅是运动所需，也可以防止受伤。另外，柔韧性并不是越高越好，要根据专项需要，过度的柔韧性练习会对关节的稳定性带来不利的影响。柔韧素质对不同年龄的人都是非常重要的，要保持良好的柔韧性需经常进行牵拉练习，自身用力的大小应依自我感觉来安排。

常用测试方法主要有：坐位体前屈、肩部柔韧性、立位体前屈、新坐位体前屈俯卧背伸、转肩、转体、肩臂上抬（俯卧抬臂）等。下面主要列举几种常用方法。

（一）肩部柔性测试

肩部柔韧性测试所评估的是肩关节的可活动范围。测量方法为：站立姿势下，将右臂向上抬起，并向后下方弯曲前臂，尽可能地向下伸展。然后，用左手触及右手，使两只手的手指尽量重叠，以此来测试柔韧度。在完成了右手上方的测试后，尝试在相反的方向上进行测试。通常会发现，一侧的灵活度比另一侧更高，但相差过大说明肩关节存在隐患。

（二）立位体前屈

使用立位姿势进行体前屈测试，测试受试者髋关节和腰椎的灵活性以及相关肌肉和韧带的伸展性。测试时，受试者应将两脚分开 5～10 厘米，平放在平台前沿上，双脚跟并拢，双腿伸直，上半身尽可能前屈，双臂伸直，双手握在一起。然后轻轻地用两个中指推动标尺上的游标向下移动，直到受试者不能再继续前屈。此时，记录游标所在的刻度读数。以厘米作为度量单位。进行 2～3 次测量，选取最优结果。

（三）俯卧背伸

俯卧背伸测量脊柱的伸展性。被试者采用直腿端坐的姿势。使用尺子在两腿之间测量坐姿高度，即从鼻尖到地面的距离。接着，被试者躺在地上，双手交叉放在臀部上方，一个伙伴按压其大腿，使其腿伸直，然后被试者努力向后仰身体并抬头。对于这个测试，测试者需要站在被试者前面，将直尺放在地上，零端对齐。当被试者后仰到最高点时，迅速抬起直尺直到它接触被测者的鼻子尖端。要求被试者保持后仰姿势 1～2 秒以便进行测量。需要进行 2～3 次测量，在记录量尺读数（以厘米为单位）后，选取最优结果。将后仰高度从坐高中减去，然后将得到的差值作为成绩（坐高减去后仰高度）。

（四）转体

转体主要测量腰部的柔韧性。在一块水平的地面上画一个涵盖了 0～180 度的图形，然后将一根大约 1 米长的木棍插入一个有锥形重物的底部。受试者将脚间距调整至约 30 厘米，站在 0 度～180 度直线上。双肘弯曲，夹持木棍，使锥尖指向 0 度，然后缓慢地向左右方向旋转体两次。使用旋转角度作为测量指标，将两次测试的平均值作为测评分数。

五、灵敏素质测试

灵敏素质指的是机体在各种突发情况下，能够协调、精确、快速地对身体运动方向和运动的空间位置进行调整的能力，比如急停、急转等动作。神经肌肉的协调性、反应速度和爆发力是决定灵敏性高低的关键因素。灵敏素质可以被划分为普通灵敏素质和特定灵敏素质两种。有多种方法可以评估一个人的灵敏度，比如反复横跨测试、象限跳测验、滑步倒跑测验、十字变向跑以及综合性障碍测试。

（一）10 秒反复横跨

在 10 秒钟内，测试被试者快速、协调地改变身体方向的能力，反复进行多次测量。在水平的面上，以 120 厘米的间隔画出三条平行线。在准备阶段，被试者会将双脚分开，站立在中心线的两侧。在口令"开始"响起后，进行起步动作时，先将右脚向右跨出，使其着陆于右侧界线外，然后让左脚落在右侧界线内。接着返回起始位置；继续向左移动脚步，并模仿之前右腿的动作。返回初始位置。如果完成上述一组练习，在每次完成时可以获得 4 分，总分数为完成次数乘以 4。测验的时间为 20 秒，记录参与者在这段时间完成测试的次数和相应的得分。可以进行两次测量，选择最优的结果。

（二）10 秒钟象限跳

测量受试者在快速跳跃中的主导肌肉运动和克服身体惯性的能力，需要进行 10 秒钟的象限跳测试。在起点线之后，受试者在听到信号后会用双脚跳入第一象限，然后顺次跳入第二、第三和第四象限。以此方式连续跳跃 10 秒，每次跳跃到一个象限则计数一次。要求跳跃时必须双脚同时离地，同时着地。进行多次测试，每次跳 10 秒钟，不计跳错象限的次数。将所有测试结果记录下来，选择最佳成绩作为有效成绩。

（三）10 秒钟立卧撑

10 秒钟立卧撑对受试者变换身体姿势的协调、准确、迅速的能力进行测量。

测试开始时，受试者并腿直立，然后屈膝蹲下至蹲撑姿势，接着将双脚向后伸直，转换成俯撑姿势，再将脚收回至蹲撑姿势，最后站起，回到开始并腿直立的姿势。测试者记录受试者正确完成动作的次数。测试要求受试者在下蹲时手与脚之间的距离不能过远，在俯卧时身体保持笔直且不屈肘，收腿时距离手不要过远，站立时身体也要保持笔直，若不符合要求则不计入计数。计算方法同上。

第四章　体能训练的方法设计

体能训练不论是对普通人还是运动员都有着极为重要的作用，对普通人来说，体能训练对于塑造良好的身体形态和姿态有重要作用；对于运动员来说，除了具备一般人都具有的体能外，还要具有特殊的专项体能，从而为专项技战术的学习和训练奠定坚实的基础。因此，本章主要介绍体能训练的方法设计，从五个方面进行阐述，分别是力量素质训练方法设计、速度素质训练方法设计、耐力素质训练方法设计、柔韧素质训练方法设计和灵敏素质训练方法设计。

第一节　力量素质训练方法设计

力量素质是体能的重要组成素质之一，力量素质水平的高低，对人体总的体能素质水平产生重要影响。因此，要想全面提升体能素质水平，训练和提升力量素质至关重要。和其他体能素质一样，力量素质有其自身的显著特点，这就决定了其在训练方法上具有一定的特殊性。需要以此为依据，来针对性地做好力量素质训练方法的设计。

一、力量素质概述

（一）力量素质的概念

力量素质是指在神经系统的支配下，人体或身体某部分通过肌肉收缩克服阻力的能力。这里所说的阻力有外部阻力和内部阻力之分。其中，外部阻力是指物体的重量、支撑反作用力、摩擦力以及空气或水的阻力等。内部阻力包括肌肉的黏滞力、关节的加固力及各肌肉间的对抗力等。通常，力量素质的发展往往会借助于外部阻力的方式和手段。

（二）力量素质的类型划分

力量素质可以按照不同的划分标准来进行相应的类型划分。比如，按照力量和体重的关系，有绝对力量和相对力量之分；按照力量的表现，有最大力量、速度力量和力量耐力之分；按照与专项的关系，有一般力量和专项力量之分；等等。这里就对常见的一些力量素质的类型及其特点加以分析。

1.绝对力量与相对力量

（1）绝对力量

肌肉中或一组协作肌中总的力量潜力，就是绝对力量。绝对力量本身是一种潜在的力量形式，其通常以最大力量的形式表现出来。力量素质训练的一个重要任务就是将力量潜力更大地发挥出来。

（2）相对力量

相对力量是指人体每千克体重表现出最大力量值的能力。它反映运动员的最大力量与体重之间的关系。举重、拳击、摔跤等项目对相对力量有着较高的要求。

2.最大力量、速度力量与力量耐力

（1）最大力量

人体或身体某部分肌肉克服最大阻力的能力，就是所谓的最大力量。最大力量的表现往往是在比赛中出现的。

最大力量是一个变量，对其产生影响的因素有很多，其中，肌肉收缩的内协调能力、骨杠杆的机械效率和关节角度的变化是其中起到重要决定性影响的因素。另外需要强调的是，最大力量是影响爆发力的因素之一。最大力量是其他力量的基础。

（2）速度力量

速度力量，也被称为快速力量，具体是指人体在运动时以最短的时间发挥出肌肉力量的能力。快速力量是力量中最重要的一种形式，与速度、灵敏、协调密切相关。人体肌肉的收缩速度和最大力量水平，是决定速度力量的决定性因素。

增长速度力量时，既有速度要求，又有最大力量的要求，需要由速度和力量两个因素相结合完成。快速力量又可以细分为爆发力、起动力、反应力、制动力等不同的形式。其中，爆发力是神经肌肉系统以最短的时间、最大的加速度，爆发出最大力量来克服一定阻力的能力。爆发力是速度力量性项目提高成绩的关键。

反应力则是指肌肉在由离心式拉长到向心式收缩过程中，利用弹性能量在肌纤维的储存再释放，以及神经反射调节所爆发出的力量，也被称为弹性力量或超等长。

（3）力量耐力

力量耐力是指人在克服一定外部阻力时，能坚持尽可能长的时间或重复尽可能多的次数的能力。神经兴奋和抑制过程的强度、灵活性和延续性，以及肌肉供能过程的顺畅性，都会对力量耐力产生决定性的影响。

力量耐力通常有动力性力量耐力和静力性力量耐力两种进一步的类型划分。动力性力量耐力又可分为最大力量耐力和快速力量耐力。其中摔跤属于静力性力量耐力的范畴。

总的来说，力量的分类随着运动实践和训练科学的发展在不断细化和深入。不同的运动项目所决定和需要的力量素质的类型是各不相同的，通常是其中的几种，因此，这就要求要通过专门的训练全面提升力量素质水平。

（三）力量素质的价值

对于人体运动来说，力量素质所产生的影响是非常显著的，作为人体运动的基本素质，力量素质在其他方面也有一些重要价值，主要表现在以下几点。

1. 是一切体育活动进行的重要基础

不管是什么样的体育活动，其要开展，都要有一定的基础条件，即以不同的负荷强度、收缩速度和持续时间进行工作而带动被动运动器官骨骼的移动来完成。如果没有肌肉的收缩和舒张产生的牵拉力量，任何体育活动的开展都无法实现，就算是最为简单的行走和直立也做不到。因此，力量素质是每个人跑、跳、投、攀登及爬越等各种体育运动和体力劳动必备的基础条件。力量素质是人体最基本的身体素质，是进行一切体育运动和体力劳动的基础。

2. 对其他运动素质的发展产生直接影响

不管是力量素质还是速度、耐力、柔韧等其他身体素质，无一不是通过一定的肌肉工作方式来实现的，而肌肉的力量是人体一切活动的基础。也可以将其理解为，力量素质对速度素质的提高、耐力素质的增长、柔韧素质的发挥和灵敏素质的表现等起到重要的决定性影响。其中，快速力量与速度能力密切相关，最大力量会对爆发力水平产生直接影响，力量耐力对有氧耐力也有重要的价值。

3. 对技术动作掌握和专项能力提高有决定性影响

运动员力量素质的增长，往往能够通过运动技术掌握的快慢及运动成绩提高的程度反映出来。绝大部分运动项目的运动成绩都与力量素质的发挥密切相关。

运动员自身往往都有其各自的技术特点，一般来说，水平越高，个人技术特点越突出。这种突出的技术风格是在个人体能特点基础上建立起来的，特别与力量素质有着密切的关系。由此可见，力量素质水平的高低与特点，对于运动项目技术的层次与风格起到决定性的影响，同时也会对专项能力和运动成绩产生直接的影响。

（四）力量素质的影响因素

对力量素质产生影响的因素有很多，可以对这些因素进行分析和划分，具体涉及以下几个方面。

1. 客观因素

对力量素质产生影响的客观因素，主要是指那些与人体生长发育有关的因素，如性别、年龄、体型等。

（1）性别

按照一般的生长规律，出于肌肉大小的差异性，决定了女性的力量是要小于男性的力量的。研究证明，女性的力量平均约是男性的 2/3。

（2）年龄

力量素质的发展所表现出的年龄特征较为显著，其决定性因素是肌肉发育与年龄。一般情况下，在 10 岁以前，不管是男生还是女生，随着人体的生长发育，力量都是呈现出缓慢而平稳的增长的，而且两者区别不大。从 11 岁起，力量素质的性别差异越来越显著，男孩的力量素质增长速度要快于女孩；青春期过后，力量仍在增长但其增长速率很低，女性 20 岁左右、男性 25 岁左右达到最大力量。总的来看，力量素质在增长方面所呈现出的特点为：快速力量先于最大力量，最大力量先于相对力量，长度肌肉力增长先于横度肌肉力，躯干肌肉力增长先于四肢肌肉力。

（3）体型

实践证明，运动训练和人的体型之间有着非常密切的联系，两者相互影响。同样，体型与力量素质大小之间也有着密切的关系。一般来说，体格健壮、粗壮型的人由于肌肉较发达，因此力量也较大；体型细长的人力量比较差。除此之外，脂肪厚度也会对力量素质产生影响，因此一定要将其作为选材时重点考量的事项。

（4）睾丸酮激素

研究证明，睾丸酮激素水平的高低与力量的大小也有一定的相关性。通常，睾丸酮激素水平高的人，力量素质也比较大。

2. 生理学因素

对力量素质产生影响的生理学方面的因素有以下几项。

（1）肌纤维类型及比例

肌肉由不同的肌纤维类型组成，

肌肉力量的大小取决于不同类型肌纤维在肌肉中所占的比值。肌纤维类型通常分为白肌纤维和红肌纤维。肌纤维类型及比例构成了人体肌肉系统能力的基础。人体肌肉中，红、白肌纤维的比例受遗传因素的影响。通常情况下，在一定负荷强度下用较慢的速度完成动作，红肌纤维起主导作用；如快速完成动作，其主导作用的则是白肌纤维。

力量素质的表现，主要取决于肌肉中白肌纤维数量的多少。如果白肌纤维比例高，那么肌肉收缩力就大。同时肌纤维类型和在肌肉中的比例也是不同运动项目选材的重要指标之一。

（2）神经支配调节

大脑皮质能够将植物性神经系统和内分泌系统充分动员起来，从而有效协调肌肉，使其在运动训练中发挥更大的功效，换言之，就是神经兴奋和抑制过程强度越大越集中，肌肉力量发挥越大。这也从一定程度上反映了中枢神经系统的机能状态对肌肉力量的直接影响。

中枢神经系统的机能状态可以直接影响肌肉的力量，并对力量素质的发展和发挥起到极为重要的作用。改善神经支配调节，能使参与收缩的运动单位（肌纤维）有所增加，主动肌与协同肌、对抗肌的协调关系有所改善，神经活动的强度和灵活性有所增强，由此，力量素质便能得到显著提升。因此，在完成某一技术动作时，若中枢神经系统传出的神经冲动频率高、强度大，则肌肉所产生的力量也就越大。

（3）肌肉生理横截面

肌肉的绝对肌力取决于该肌肉的生理横截面积。肌肉的生理横截面为该肌肉所有肌纤维横截面的总和。横截面大，则肌肉力量就大。肌肉训练导致的肌纤维增粗，这主要包括肌纤凝蛋白质含量的增加、肌毛细血管增多、肌肉结缔组织增厚、肌糖原增加等，这对于肌肉力量的增大是有所助益的。

（4）肌肉的牵拉角度和收缩形式

进行运动时，犹如杠杆运动。在整个活动中，随着肌肉收缩牵拉骨骼，肌肉在不同位置的不同角度上牵拉，其力量大小是不一样的。肌肉被牵拉的角度不同与完成技术动作用力正确与否关系较为密切。

另外，不同的运动项目的用力特点是不同的，因此，这就决定了其所需要的力量素质也是不同的。肌肉收缩也会对力量大小产生重要。通常，肌肉收缩的形式主要有动力性向心克制性收缩、动力性离心退让性收缩、静力性等长收缩、等动性收缩四种。①

（5）钾钠代谢

钾钠离子在人体内有着非常重要的意义，其作用主要表现为：参与物质代谢、维持正常渗透压、调节酸碱平衡等生理作用；积极参与神经兴奋的传导过程，对肌肉收缩起重要作用。钾离子的特殊作用还体现在其能够使肌肉收缩；钠的作用则主要是放松肌肉。合理地摄取钾、钠是力量素质训练与发展的新课题。

（6）营养系统的供能能力

对于力量素质的发展来说，最为重要的当属无氧非乳酸性供能。因为力量增长在较短时间内以较快的速度完成技术动作，效果最佳。除此之外，在进行力量素质训练时，动员白肌纤维参与工作也是需要考虑的至关重要的一个方面。

3. 运动生物力学因素

力量素质训练的生理力学方面的因素主要是指骨杠杆的机械效率。人体运动的各种动作是以肌肉收缩为动力，以骨骼为杠杆，以关节为支点的杠杆运动，力、方向、支点、作用点都会对用力效果产生影响，这与运动技术之间有着非常密切的联系。

---

① 杨海平，廖理连，张军. 实用体能训练指南 [M]. 广州：广东高等教育出版社，2013.

4. 心理学因素

在运动过程中，往往会因为不愉快的运动经历、对运动损伤的恐惧、成功信心的缺乏等这些心理障碍，从而造成神经过程处于抑制状态，以致不能将最大肌肉力量充分发挥出来。因此，有目的、有意识地培养自我情绪的调节能力、注意力集中能力以及临危不乱的心理素质等是发展力量素质极为重要的心理条件。如果所面对的是大负荷和激烈的对抗，为了将机体的极限力量充分激发出来，首先需要进行心理动员，激发神经活性，提高兴奋性。通过"意识集中""自我暗示"，提高神经系统的易化作用，使机体各系统同步进入工作状态，解除抑制，才能使肌肉发挥出极限力量。

5. 运动训练学因素

运动训练中涉及的相关因素比较多，如主要的负荷强度、动作速度、动作幅度、练习的组数、每组练习重复的次数、每组练习的间歇时间等，这些训练因素都会在较大程度上影响到力量素质的大小和特性。

一般来说，通过训练，能够使肌肉力量水平得到有效提升，停止训练则会致使已经练出来的肌肉力量消退，一些与力量增长相关的机能特性也会下降。因此，一定要保证长期性、系统性的科学运动训练。

二、力量素质训练方法

（一）颈部力量素质训练方法

1. 头手倒立

在墙壁前，缓慢屈臂成头手倒立，两手主要起维持平衡的作用，两脚轻轻靠放在墙壁上，以头支撑体重，坚持尽可能长的时间。

2. 背桥练习

背桥练习时，以脚和头着地支撑于地面，采用仰卧或俯卧姿势，腰腹部向上挺起，两手置于胸腹部，使身体反弓成"桥"或腹部向下，以额头（或头顶）和脚趾支撑于地面，臀部上提成"桥"。

3. 双人对抗

两人一组，同伴站在练习者身后，将合适的带子或毛巾围在练习者的前额，同伴一手拉住毛巾两端，一手扶在练习者的肩胛部，肘关节伸展。练习者两脚站稳，上体固定，向前向下低头，对抗同伴向后拉毛巾的力量。牵拉头部的带子或毛巾可以围在练习者头的前、后、左、右不同部位，使练习者从不同方向进行对抗练习，使颈部肌肉得到全方位的训练。

4. 负重训练

在进行颈部负重练习时，可用一根绳子将重物悬挂在头上，两脚自然开立，上体前倾，背部挺直，两手分别支撑于膝关节的上部。按照不同的方向有节奏地活动颈部，使颈部前、后、左、右的肌群都能得到全面的锻炼。

（二）四肢力量素质训练方法

1. 臂部力量素质训练

（1）坐姿腕屈伸

坐于长凳上，双脚置于地面，双脚间距略宽于肩，上体前倾把前臂放于大腿或长凳上，正握杠铃，腕关节被动屈曲，向后弯举腕关节；还原成开始姿势，反复练习。

（2）站立屈臂举

两脚自然站立，两手反握杠铃，两臂伸展杠铃位于体前。两手握距可宽可窄。固定两肘，慢速屈臂将杠铃上举至胸前，然后有控制地慢慢放下杠铃，还原成预备姿势，反复训练。

（3）手腕屈伸负重训练

采用坐姿，两手反握杠铃或哑铃，前臂分别贴在两大腿上，手腕伸出位于膝关节外。手腕围绕额状轴以尽可能大的动作幅度上下旋卷，手腕卷曲幅度尽量大；或者采用掌心向下的正握杠铃的方法进行手腕旋卷运动练习。

（4）前臂旋内旋外负重训练

双脚自然开立，浅半蹲，两臂屈肘前伸位于体前，两手持重物，前臂有节奏地进行旋内旋外运动。

（5）仰卧臂屈伸

仰卧于长凳上，双脚置于地面，间距略宽与肩，双臂伸直，双手间距约为肩宽，正手抓杠；屈肘，以肩为圆心，手臂为半径沿半圆运动轨迹缓慢下降杠铃，并尽量远地向头后部延伸；还原成开始姿势。

（6）坐姿颈后臂屈伸

坐于长凳上，双脚置于地面，双脚间距略宽于肩，双手持哑铃置于颈后；小臂伸直上举，双臂伸直，将哑铃举至头的上方；以肘关节为支点，手臂下降，哑铃置于脑后部，反复练习。

2. 腿部力量素质训练

（1）下蹲腿后提铃

两脚自然开立下蹲，杠铃紧贴脚后跟处放置。两手正握杠铃，握距同肩宽，两臂和背部充分伸直。蹲起直臂提铃，成站立姿势挺胸直背，杠铃处于臀部，然后还原成预备姿势，反复练习。

（2）负重深（半）蹲跳

双脚左右自然开立，肩负杠铃，双手正握杠铃扛于颈后，躯干挺直。屈膝半蹲快速蹬伸，髋膝踝充分伸展，向垂直方向跳起，落地时保持半蹲（半蹲跳）或深蹲（深蹲跳），紧接着快速蹬伸跳起，反复练习。

（3）仰卧小腿屈伸

仰卧于训练机凳面上，两腿分开与肩同宽；小腿向上踢出至膝盖伸直，缓慢回到起始位置，反复练习。

（4）坐姿腿屈伸

坐于腿屈伸机上，两腿屈膝下垂，脚背钩住脚托滚轴，两手握扶把，腰背靠紧靠板；负重用力伸小腿至双腿伸直，保持 10～20 秒；缓慢还原成开始姿势，反复练习。

（5）俯卧腿屈伸

俯卧于训练机的垫上，两脚钩住横杠，两手握手柄，向上屈小腿，保持 2～3 秒；缓慢还原成开始姿势，反复练习。

（6）拉力器直腿内收

单腿站立，将拉力器系于一腿脚踝部，另一腿支撑于地面，对侧手抓握训练机的扶手以支撑身体；连于拉力器的腿伸直用力内收至靠近支撑腿。

（7）坐姿杠铃提踵

坐于长凳上，双脚置于地面，双脚间距略宽于肩，身体正直，双手握住杠铃放在膝盖上；脚趾用力上推，尽量使脚后跟抬起；还原成开始姿势，反复练习。

（三）躯干力量素质训练方法

1. 肩部力量素质训练

（1）头上推举

两脚自然站立，约同肩宽。两手各握哑铃，屈肘将哑铃置于肩上，将哑铃快速推举至头上方，慢慢返回原位。

（2）直臂前平举

练习者自然站立（也可采用坐姿），上体挺直，两臂伸展正握杠铃，下垂于两大腿前。直臂前平举，快上慢下，返回原位，反复训练。

（3）侧斜卧侧平举

练习时，肘关节保持100度～200度的弯曲，两侧交替进行，以利于三角肌中束的用力。

（4）耸肩

双手持杠铃或哑铃耸肩，都是以斜方肌收缩力量使两肩耸起接近耳侧。耸肩的方式有垂直耸、回转耸和斜后耸肩等。

2. 胸部力量素质训练

（1）俯卧撑

两手间距稍宽于肩，直臂双手俯卧撑地，两腿伸直，两脚并拢，脚趾撑地。两臂力量提高后，可使两脚位于高台上或在背部负重进行练习。

（2）仰卧扩胸

仰卧在垫子或矮凳上，两手持哑铃，两臂伸直，与身体成"十"字形。直臂慢速将哑铃举至胸的正上方，然后慢速还原成预备姿势，反复训练。

（3）斜板卧推

手握杠铃仰卧于斜板上，脚高于头，朝着胸中部慢慢放下杠铃，肘关节外展与身体成90度。随后迅速用力向上举起杠铃，再以稳定节奏反复训练。

（4）手撑双杠

脸朝下，收紧下颌，弓背，脚尖向前，眼视脚尖。两手握双杠，屈臂使身体下降然后再伸臂把身体撑起。训练熟悉后可在脚上系重物或穿沙背心负重训练。

（5）站姿胸大肌练习

双脚开立，双脚间距约为肩宽，双臂屈肘上举至与肩同高，双臂间距略与肩同宽，双手握杠铃片（或哑铃），掌心向内；往两侧扩胸展开至动作最大幅度；还原成开始姿势，反复练习。

3. 背部力量素质训练

（1）直腿硬拉

两腿伸直站立，上体前屈，挺胸紧腰，两臂伸直，用宽握距或窄握距握住杠铃，然后伸髋、展体，将杠铃拉起至身体挺直。还原后重新开始，反复练习。

（2）卧抬上体

俯卧于台面或长凳上。上体从一端探出，两手置于头后屈身向下，快速用力向后向上抬上体，然后有控制地慢速还原成预备姿势，反复进行。为增强练习效果，可在颈后负重进行训练。

（3）俯立划船

上体前屈 90 度，抬头，正握杠铃（也可采用壶铃、哑铃、杠铃片）。然后两臂从垂直姿势开始，屈臂将杠铃拉近小腹后还原，再重新开始。上拉时应注意肘靠近体侧，上体固定不屈腕。

（4）引体向上

双臂伸直悬垂于器械上，双腿并拢伸直，双手正握杠；双臂上拉引体至动作最大幅度，控制身体缓慢下降，反复练习。

（5）坐立体前下拉

面向训练机坐立，双脚放于地面，膝部抵于海绵固定轴下，双臂伸直，双手宽握距抓拉杠，身体正直；双臂下拉，拉杆至体前胸部，缓慢还原成开始姿势，动作完成时呼气，反复练习。

（6）窄握杠铃臂屈伸

左右分腿站立，双脚间距略宽于肩，正手窄握杠铃，身体正直；双臂上提杠铃至锁骨处，上提时吸气，慢慢下降至开始姿势，下降时呼气，反复练习。

（7）俯卧背屈伸

身体俯卧于训练机上，双脚紧贴于海绵固定轴，双手抱头；向后屈至动作最大幅度，保持 2~3 秒钟；慢慢还原成开始姿势，反复练习。

4.腹部力量素质训练

（1）仰卧举腿

仰卧于垫子上，两脚并拢两腿伸直，双手置于头后；或仰卧于斜板上，上体位于高端，两手抓握板端，身体伸展。两腿伸直双脚并拢，慢速上举，腿与上体折叠，使脚尖举至头后，然后慢速还原成预备姿势。也可在踝关节处负重训练。

（2）悬垂举腿

两手握距与肩同宽或稍宽于肩，正握单杠，两臂伸展，下肢自然放松，身体悬垂。然后依靠收腹的力量直腿上举，使脚腕触及单杠后再返回原位，反复练习。在刚开始练习时，腹肌差者可稍屈膝。为了增强训练效果，可在脚腕上负重练习。

（3）跪立收腹下拉

双膝跪地，抬头，双臂伸直，双手握拉杆置于头正上方，身体正直；双臂伸直，收腹用力向前下拉至动作最大幅度，动作进行时呼气；还原成开始姿势，反复练习。

（4）健身盘转体

双脚并拢站于健身盘上，双手握扶捅，身体正直；向一侧扭转，还原成开始姿势，两侧交替反复练习。

5.臀部力量素质训练

（1）负重弓步

双腿弓步站立，双臂自然下垂，双手持杠铃片；弓步向前移动，弓步腿大腿与地面平行，后面腿尽量伸直，反复练习。

（2）站立直腿后拉

背对训练机前后分腿站立，双脚间距略宽于肩，一腿踝关节处套拉力器套扣用力拉至脚尖点地，另一腿伸直支撑，身体前倾；慢慢后拉至动作最大幅度，还原成开始姿势，两腿交换反复练习。

（3）俯卧背屈伸

卧于训练机的垫上，双腿并拢伸直，双手放于两侧；臀部用力将腿向上抬至动作最大幅度，保持2～3秒，重复此动作。

（4）侧卧侧摆腿

侧卧于长凳上，双腿并拢伸直，双手扶长凳；向上抬外侧腿至动作最大幅度，保持2～3秒后，慢慢还原成开始姿势，保持腿伸直，反复练习。

三、力量素质训练的注意事项

（一）保证力量素质训练的科学性

1. 力量素质要全面而又有重点地训练

在力量素质训练的过程中，不仅要有效锻炼四肢、腰、腹、背、臀等部位的大肌肉群和主要肌肉群，同时也要注意那些薄弱的小肌肉群的力量素质的训练和发展。究其原因，主要是由于体育运动中的动作是很复杂的，需要的力量素质是综合的，涉及身体各个部位及其大小不同的肌肉群，但是要注意的是，发展不同类型的力量素质，并不是要求平均发展，应该在全面发展的基础上而有所侧重。

2. 力量素质训练要具有系统性和连续性

研究发现，力量素质具有增长快消退也快、增长慢消退也慢的特点，消退的速度是增长速度的1/3，这与"用进废退"的原理是相符的。因此这就要求力量素质训练应全年系统安排，不能无故中断，要系统、长期地坚持力量训练，不要突击式地强化力量训练。

3. 力量素质训练要平衡且协调

在力量素质训练过程中，一定要将"力量区"与"非力量区"、大肌肉与小肌肉、主动肌与协同肌及拮抗肌、近端肌肉与远端肌肉、力侧与弱侧、核心力量与四肢力量、前群肌与后群肌等之间的关系处理好。最大限度地做到全面协调发展，有序推进，从而使短板效应及错误的代偿性动作得到尽可能避免，保证安全性。

（二）力量素质训练要充分

在进行力量素质训练时，一定要保证在每次训练时，都要使肌肉先充分伸展拉长，然后再收缩，动作的幅度要大。这样才能起到增大收缩的力量，并且保持肌肉良好的弹性和收缩速度的作用。

研究发现，肌肉工作的程度越是接近疲劳，其放电量就越大。这也反映出了此时肌肉受到的刺激是比较大的。这种刺激具有非常重要的作用，不仅能促使机体发生良好的生理、生化反应，对于超量恢复也是有帮助的，由此而实现力量素质的增长。因此，这就要求在进行力量素质训练时，越是最困难的最后一两次动作，越是要坚持完成。

（三）正确选择力量素质训练手段

1. 选择适宜的训练手段

在力量素质训练过程中，不同的训练手段所起到的作用也是不同的，有直接作用，也有间接作用；所产生的效应也有长期和短期之分，这就需要以实际情况和需要为依据来加以选择。

要考虑有利于改善肌肉正确的发力方式，有恰当的要求，如下蹲、蹲跳训练，都能起到有效锻炼整个下肢的作用。同时，还要针对某个薄弱环节来进行针对性训练，如提高小腿肌肉力量就要选择专门的手段，进行负重提踵练习，如此所产生的训练效果要更为理想一些。

2. 确定与其他训练手段的正确组合

早有研究证明，训练方法和训练手段的单一性，是不会取得理想的训练效果的，这就需要在训练手段上要做好相应的组合。组合训练是促进力量转化的有效方式，力量素质训练经常用到的组合训练方式主要有力量与技术训练、力量与专项训练、力量与速度训练、力量与跳跃训练、大负荷与小负荷训练、慢速—中速—快速组合训练等。需要特别提出的是，不同速度的力量组合练习方式也不同，要加以重视。

（四）力量素质训练要与正确的技术动作规格相符

不同运动项目都有其自身的技术结构，因此，具体参与工作的肌肉群力量也是有所差别的。这就要求在进行力量素质训练时，首先要根据专项技术的动作结构来选择适宜的训练方法和手段，以发展有关的肌肉群力量。其次要通过肌电研究了解主要肌群用力特点、工作方式、用力方向、关节角度等，来将力量素质训练的方法确定下来。只有紧密结合专项特点来安排力量训练，才能收到更好的效果。每一个力量素质训练动作都有各自的技术规格要求，这就要求必须按照技术规格要求去操作，才能够真正发展肌肉群的力量。

与专项技术结合进行力量素质训练的主要目的是提高专项能力。技术结合是促使一般力量向专项力量转化，获得专项力量的有效途径。

（五）力量素质训练要配合正确的呼吸方法

体育运动过程中都是需要配合正确的呼吸方法的，力量素质训练也不例外。

尽管憋气有利于固定胸廓，提高腰背肌紧张程度，对于力量素质训练效果的提升是有帮助的，但是，其也存在着一些显著的不良反应，比如，胸廓内压力提高，动脉血液循环受阻，从而导致脑贫血，甚至会产生休克。因此，为避免产生不良后果，在进行力量素质训练时，一定要做到以下几点。

（1）不能憋气的情况：最大用力的时间很短，但有条件不憋气，在重复做用力不是很大的练习时。

（2）要注意让刚开始训练的人，尽量少安排极限和次极限用力的训练。同时，要让其学会在训练过程中完成呼吸。

（3）在完成力量素质训练之前，不能做最深的吸气。

（4）做最大用力时可采用慢呼气来协助最大用力训练的完成。

（六）力量素质训练的负荷要合理

1. 确定合理的训练负荷

对训练效果产生影响的因素还有训练负荷的大小。一般的，如果训练负荷过大，往往会造成动作变形，甚至伤害和疲劳；如果训练负荷过小，则有可能导致因刺激不够降低训练效果的理想程度。负荷选择不同，对快肌、慢肌的刺激效果也会不同。因此，这就要求在不同的训练阶段、时期，与训练者的特点和项目特点相结合，处理好训练量、强度、间歇的关系，从而保证理想的训练效果。

2. 训练中要采用大负荷与循序递增负荷

大负荷，就是指用训练者所能承受的最大负荷或接近最大负荷来进行训练。大负荷的采用，能迫使肌肉进行最大收缩，有效刺激人体产生一系列的生理适应性变化，从而导致肌肉力量增加。

为了达到大负荷，在进行力量素质训练时，就要保持较大的强度，或者要保持较大的数量（次数和组数）。在力量训练过程中，当力量增长后，原来的负荷就逐渐地变为小负荷了，这时候，为了继续保持大负荷，就必须循序渐进地递增负荷，从而始终保持有效的刺激效果。

3. 处理好负荷与恢复的关系

恢复在力量素质训练中是非常重要的。因为没有恢复就没有训练效果的产生。如果在没有恢复的情况下进行力量素质训练，会对力量训练的效应产生影响，特别是对爆发性力量训练的影响更为显著。这就要求在系统的力量训练中，一定要对负荷的逐渐递增原则加以注意，负荷应该分层次安排，跨度不能过大，否则会对力量体系的整合和力量能力的衔接产生不利影响。

（七）力量素质训练结束后要做好放松工作

力量素质训练是一种高强度的训练，能够有效刺激肌肉，使肌肉疲劳、代谢物积累、肌丝紊乱、功能下降。力量素质训练之后，肌肉常会充血，胀得很硬，这时应做一些拉长动作，或者做一些按摩、抖动，使肌肉充分放松。在训练间歇特别是力量训练后，可以通过借助使用泡沫轴以及心理学手段、医学—生物学手段等来进行综合放松，这样能有效加快疲劳的消除，促进恢复，同时，还能使关节柔韧性因力量训练而下降的情况得到有效避免，这对于保持肌肉良好的弹性和收缩速度也是有帮助的。

（八）力量素质训练要全神贯注，保证安全性

在进行力量素质训练时，一定要做到全神贯注，因为肌肉活动总是在中枢神经系统的调节下进行的，意念活动与练习动作紧密配合、保持一致，有助于肌肉力量得到更好的发展。而在力量素质训练过程中，尤其是大负荷训练时，如果三心二意，注意力不集中，往往会造成受伤。此外，保证力量素质训练的安全性，达到期望的效果，还应注意加强自我保护和互相保护。

（九）注重摆动的动力性训练

在进行力量素质训练时，要将摆动的动力性训练作为侧重点，尤其要对动作的振幅加以关注。这样做可使练习者获得用力感和速度感，增强技术动作力量，培养快速完成动作的能力，同时也改进了关节的灵活性。除此之外，还要结合肌肉的放松和伸展训练，从而使肌肉保持弹性进而增大动作的振幅。

第二节　速度素质训练方法设计

速度在很多体育项目中都是制胜的法宝，也是运动选材和运动水平评定的重要指标，这充分说明了速度素质的重要性。速度素质水平受遗传因素的影响较大，但通过后天的训练，也能够明显提高速度。速度训练效果直接取决于训练方法的

科学性、有效性，科学合理地设计丰富多元的训练方法，能够有效改善运动员的速度素质，使运动员在竞技场上表现出良好的速度能力和高超的竞技能力，最终取得理想的竞技成绩。

一、速度素质概述

（一）速度素质的概念与分类

速度素质是指人体或人体某部位快速运动的能力，也就是人体或人体某一部位快速做出运动反应、快速移动以及快速完成动作的能力。从速度素质的概念来看，速度素质包括反应速度、动作速度以及位移速度三种类型，它们是速度素质的主要表现形式。

（1）反应速度是指人体对各种信号刺激（光、声、触）的快速应答能力。

（2）动作速度是指人体或人体的某一部分快速完成单个动作或成套动作的能力，通常用时间长短来表示。

（3）移动速度是指周期性运动中，在单位时间内人体快速位移的能力。

（二）速度素质的影响因素

速度经过不断的科学训练是能够明显改善与提升的，对于短跑运动员来说，速度训练是日常训练的重要内容，但并非所有短跑运动员经过训练且具备了良好的速度素质后都可以成为优秀选手，在比赛中夺冠，因为不管对于运动员来说，还是对于其他人来说，速度的提升都是有限度的，速度达到上限后基本无法再继续提高。运动员速度能够达到的最高点是由基因所决定的，受先天基因的影响，很多短跑运动员的速度即使达到了对自己而言的"天花板"，也难以在短跑比赛中获得好成绩。但是也不必过多担心基因造成的这种限制，因为真正能够达到最大速度上限的运动员并不多，一些高水平的优秀短跑运动员在自己的运动生涯中依然在不断训练来提高速度，可见他们也并没有达到自己的速度上限。倘若非常优秀的专业短跑运动员通过长期系统的专项训练都无法达到速度上限，无法将基因的潜能全部释放出来，那么其他专项运动员要达到速度的最大化水平就更不容易了。即使这样，运动员依然要坚持训练来提高速度，这是因为他们还有很多潜力没有开发和释放出来。速度训练是运动员体能训练中不可缺少的一部分，运动员采用多种方法进行训练，主要就是为了达到最大速度的上限水平，将自己的速度潜能全部释放出来。

运动员速度能力的影响因素中，遗传因素的影响非常显著，这说明速度素质的遗传度非常高。具体来说，运动员的肌纤维类型、身体形态与结构是影响其速度素质的主要先天因素。快肌纤维多的运动员速度能力普遍比较强，他们的优势在于爆发力强，肌肉收缩速度快，而慢肌纤维多的运动员相对来说肌肉收缩速度要慢一些，而且也难以产生很大的力量，爆发力稍逊。但是快肌纤维占主导的情况下机体的抗疲劳能力相对弱一些，慢肌纤维反而有较强的抗疲劳能力。

运动员的身体结构也对其速度能力有重要影响，最明显的表现就是运动员的移动速度一定程度上由其四肢长度决定，而骨骼长度、肌肉与骨骼的连接又决定了肢体的长短。受遗传基因的影响与限制，有的人天生四肢长，速度快，适合参加速度类项目，而有的人四肢短，速度慢，不适合参加快速运动。

从理论上来说，速度发展的上限受到遗传基因的限制，但是通过后天的干预和训练仍然能够提高速度能力，进而提高运动表现力和竞技能力。在速度训练中，要将重点放在那些通过后天干预可以改善与提高的因素上，而不是放在那些基本完全由遗传基因所决定的因素上，否则就是徒劳的。所以教练员和运动员都要先弄清楚哪些速度能力通过后天训练可以得到提高，哪些不可以，要对速度的本质有清楚的认识，在可以改变的因素上集中精力去优化与完善，从而有效提升运动员的速度能力。

二、速度素质训练方法

（一）移动速度训练方法

1.跨越栏架

（1）在跑道上将起跑线、终点线、跑进路线明确标出来。在跑道两侧摆两排小栏架，每排4个。

（2）练习者在 A 处准备就绪，听口令快速起动沿跑道前进。

（3）在练习者即将到达第一排栏架时，教练员发出变向指令或用手势示意练习者变向，练习者按指令要求右转或左转。

（4）练习者越过第一排右侧的两个栏架或左侧的两个栏架后，再超过栏架返回到跑道上，向另一侧的两个栏架跑动，越过另一侧的两个栏架，再返回到跑道上，向第二排栏架跑进。

（5）练习者按同样的方法越过第二排的四个栏架。教练员再发出变向口令或用手势示意变向。

（6）练习者听指令越栏架，最后向终点线快速跑进。

2.Z 型跑

（1）将 7 个锥体按"Z"字形排开，响铃锥体间的水平距离和垂直距离适宜。

（2）练习者在起点处面向锥体做好准备，听到"开始"口令后向第一个锥体快速跑进，然后急停，再向第二个锥体快速跑，再急停，依次跑过所有锥体。

（3）练习者按同样的方法返回。

图 4-1 所示为 Z 型跑训练示意图。

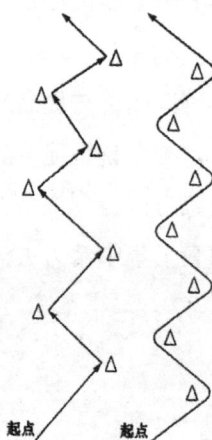

图 4-1　Z 型跑示意图

3.跟随游戏

（1）两两一组进行练习，两名练习者的两个脚踝都系上一个橡皮筋，即用橡皮筋将两脚踝连接起来。练习者间隔一定距离面对面站立。

（2）规定一人为进攻者，另一人为防守者，进攻者只能左右侧跨步移动，但可以变化进攻方向，防守者主要通过移动的方式躲闪进攻者，可以侧跨步移动，也可以采用制动—起动的方式。

跟随游戏练习时间稍短，两次练习之间间隔稍长的休息时间，以保证练习者体力恢复后再继续练习。这项练习中，练习者用脚尖支撑身体重心，放低髋关节，身体姿势要合理。

4. 放开冲刺

（1）将绑带或绳索等阻力装置绑在练习者腰间。

（2）教练员吹哨表示开始，练习者立即冲出，迅速跨步，同伴控制好阻力装置，使练习者在阻力条件下完成练习。

（3）练习者跑几步后，同伴松手放开绳索或绑带，此时练习者在没有阻力的条件下用力向前冲，下肢加快跑动速度。

在阻力条件下，练习者就要拼尽全力跨步前冲，要有爆发力，没有阻力限制后，也利用放开阻力瞬间的加速度向前冲，将速度加到最大，练习者要能够利用神经系统的功能去控制速度。

（二）反应速度训练方法

1. 双人抛球＋俯卧撑

（1）在垫子上做好跪姿准备，手持实心球，给同伴传球，然后双臂自然支撑做一个标准的俯卧撑动作。

（2）从俯卧撑还原到跪姿，接同伴回传的球，再传球，做俯卧撑，反复练习。注意练习时速度要尽可能快。

2. 对墙高抛

（1）面向墙壁，自然站立，两脚分开，双手拿一个实心球。

（2）迅速屈膝，重心放低，然后一边起身一边将实心球高高抛向墙壁，抛球后全身伸展。

（3）反复练习，计算规定时间内的抛球次数。

需要注意的是，练习过程中背部肌肉始终保持适度紧张状态，屈膝下蹲后要做标准的深蹲姿势。

3. 单臂支撑＋俯卧撑

（1）做标准的俯卧撑预备姿势，双臂弯曲，身体笔直。

（2）手臂伸展，身体上抬，一手放在实心球上，再继续做俯卧撑，主要用支撑手臂的力量来完成动作。

（3）支撑手臂将身体撑起后离开地面，手的高度和实心球上端齐平。然后有控制地放下，再继续发力支撑身体并离开地面，这个过程中支撑手臂要用爆发力快速将身体撑起并离开地面。

需要注意的是，支撑手接触地面的时间要尽可能短，触地后立即爆发式推离地面。

4. 爆发式斜拉

（1）在一条安全杆上挂一根直径 5 厘米左右且表面比较粗糙的绳子，为了安全起见，也可以从安全钩中穿过绳子。

（2）练习者伸展手臂，双手用力将绳子拉住，身体向后倾斜，与地面保持45 度夹角，身体充分伸展，背肌收紧。

（3）练习者快速用力拉动绳子，将自己的身体拉起来。

反复练习。

5. 剪式跳跃

（1）练习方法

①两脚前后错开，稍屈膝、屈髋。

②用力蹬地向上纵跳，空中交换两脚前后位置，落地后也保持两脚一前一后的姿势。上身始终保持挺直状态。

反复练习。

（2）变换练习

①分腿纵跳，拉大两腿前后错开的距离，落地后屈膝，重心调低一些，以增加练习强度。

②移动跳跃练习。

6. 团身跳跃

（1）练习方法

①两脚开立，目视前方。

②向后摆臂，同时屈膝、屈腕，重心降低，下肢蓄力准备释放。

③向前摆臂，当手臂与身体两侧贴近时，髋、膝、踝关节依次伸展两脚用力纵跳，膝盖尽可能向胸部靠近。

④落地后两脚依然是分开姿势。

反复练习。可以规定练习时间，要求练习者在规定时间内尽量完成多次跳跃。

（2）变换练习

①按照上述方法跳跃，但落地位置与跳起位置不同，两个方向呈直角。

②跳跃后空中加转体动作。

③单腿练习，两腿交替。

④两腿伸直，上体前屈进行屈体跳练习。

⑤向前后方向或左右方向移动跳跃。

7. 横向滑冰

（1）两脚并立，目视前方。

（2）左脚或右脚横向避地抬起，落地后反方向用力蹬地。

（3）两脚交替练习。

反复练习。教练员可以规定练习时间，让练习者尽可能完成较多次数的练习。

8. 障碍跳跃

（1）练习方法

①将标志桶、跨栏或箱子作为障碍物，练习者面向障碍物，身体直立，做好准备。

②屈膝、屈髋，身体重心下移，两脚同时蹬地向前跳起越过障碍物，两臂配合前后摆动。注意跳起时膝盖尽可能靠近胸部，以获得更大的向前跳跃的力量。

③两脚落地后屈膝缓冲，两臂在体侧维持身体平衡，然后充分伸展身体，还原准备姿势。

设置多个障碍物连续越过障碍，也可以规定练习者在跳跃后变换落地方向或落地后冲刺跑，以增加练习强度。

（2）变换练习

①单腿障碍跳。练习者用一侧腿完成障碍跳跃练习，具体练习方法同上，但初步练习时要选择高度较低的障碍物，随着练习水平的提升，慢慢调整为较高的障碍物，也可以直接使用可调整高度的障碍物，练习者根据自身情况调整高度。

②横向障碍跳。这是练习者横向从障碍物上跳过的一种练习方式。练习者的站位要侧对障碍物，然后下肢蓄力，纵身跳起，身体横向越过障碍物。两腿同时

落地后注意屈膝缓冲，手臂摆动以维持平衡。也可以连续横向越过障碍物，不断加快速度，在规定时间内完成多次跳跃。

9. 横向蹬伸

（1）准备一个箱子或凳子，高度不超过膝关节，站位与凳子在一条直线上，临近凳子的一侧，脚踩在凳子上，上体稍向前倾，远侧腿屈膝，身体重心降低。

（2）置于凳子上的脚，快速有力地蹬伸，身体向上跃起，落地时之前置于凳子上的脚落地，另一侧脚踩在凳子上。

（3）再次向上跳跃，再换另一只脚踩在凳子上，如此反复练习。

需要注意的是，为了便于加快弹性反应或为快速反弹提供便利，落地时，后脚踝关节要绷紧。

10. 快速摆动

（1）练习者与同伴面对面站立，两脚分开，稍屈膝下蹲，目视同伴，也可以做专业的拳击准备动作。

（2）同伴手持大码拳击手套或泡沫球棒攻击练习者，从头部开始注意，控制力度，安全第一。

（3）同伴攻击过程中手中的工具始终是笔直朝向练习者的，攻击的方向是沿练习者身体的矢状面攻击。

（4）练习者全身闪动避免被同伴手中的工具攻击到，如攻击左侧则移到右侧，攻击右侧，则移到左侧。

两人互换角色反复练习。

11. 躲避训练

（1）练习者与同伴面对面站立，两脚分开，稍屈膝下蹲，目视同伴，也可以做出专业的准备动作。

（2）同伴手持大码拳击手套或泡沫球棒攻击练习者，从头部开始，注意控制力度，安全第一。

（3）同伴攻击过程中手中的工具始终是笔直朝向练习者或有一定的倾斜，攻击的方向是沿练习者身体的横切面或纵分面攻击。

（4）面对同伴的攻击，练习者快速躲避，但不是像快速摆动练习一样左右两侧躲避，而是从工具的下方钻过以躲避攻击。

12. 牵制对手

（1）将 4 个标志桶摆放在场地的四个角，四个标志桶围成的长方形长 75 米左右、宽 18 米左右。

（2）练习者在底线位置做好出发的准备姿势，三名同伴扮演人墙角色，与练习者面对面站立，同伴站成一条直线，便于牵动练习者。

（3）练习者通过反复的侧移、后撤步来冲过人墙，向目标方向跑进，与此同时，作为人墙的同伴要尽可能前后左右移动来牵制练习者。

需要注意的是，三名同伴牵制练习者时必须保持移动方向的一致性，始终站成一排，不能各跑各的。

（三）动作速度训练方法

1. 起动训练

（1）平行式两点站姿起动

①以运动姿势开始，屈膝、屈髋，双脚分开，与肩同宽。

②一只脚后移至身体重心的后面一点，快速蹬地。

③躯干和身体收紧，肩部前倾，通过有力的摆臂动作爆发式向前移动。

可以尝试在起始位置直接快速向后撤一步，使所有向前的动力都在一条直线上。

（2）前后两点站姿起动

①两脚前后开立，屈髋、屈膝，大部分身体重量落在前脚掌。

②摆动腿直指向前，与前脚跟的距离与髋同宽。

③摆动腿向前冲，同侧手臂向后摆，沿直线向前。

（3）高抛实心球

①屈膝下蹲，将实心球放在双腿之间的地面上。

②抓住实心球两侧，手指摊开。双臂向前下方伸展，抬头，躯干收紧。

③向前送髋，向上抬肩，身体直立并向上抛球或扔球。

（4）下跌起动

①双脚并立，身体前倾直到失去平衡。

②快要倒地时快速向前移动。

③继续加速。

2. 加速训练

（1）走军步

①两脚并立，手下垂落在体侧，抬头挺胸，目视前方。

②一侧腿的膝关节抬高，完全弯曲，同时保持脚踝背屈接近臀部，抬到最高点时，向前伸展，落地，送髋，换另一侧腿。

③手臂前后摆动配合下肢动作。

（2）小跳

①跳跃时使用完美的姿态和手臂动作。

②一侧腿膝关节抬起，完全屈曲，同时脚踝背屈并接近臀部，在空中时保持军步走中的高位姿势。上身始终直立、稳定。

③脚落地时安静、有爆发力，不要猛地落地。强调踝关节肌肉的硬度。

（3）快速步频转加速

①身体直立向前移动，用力摆臂，强调步频，而不是水平速度。

②快速移动一定距离后，躯干前倾，向前再加速移动一定距离。

③躯干全程绷紧、挺直，步伐有力，注意用肩部带动摆臂。

（4）正面阻力

①练习者与同伴面对面站立，同伴将双手放在练习者肩上。

②用力向前移动（身体收紧），同伴与其进行轻度对抗。

③同伴在没有提示的情况下快速向边上移动，练习者继续加速移动。

④在阻力条件下完成一定距离的快速移动后，取消阻力，继续加速练习。

3. 最大速度训练

（1）横向滑步到向前冲刺

来回横向滑步5～10米，然后再向前冲刺10～20米。横向滑步时保持低重心，脚尖向前，手臂放松，横向滑步到设定好的位置，然后向前冲刺，也可以在做出有效的技术后或根据某种指令刺激开始向前冲刺。

（2）进进出出

向前加速奔跑20米，再匀速跑20米，再继续加速跑20米，最后慢速跑10～20米。

注意从加速跑转为匀速跑后要保持身体放松，同时也要保持高步频。第二次加速时要有意识地提高从快速奔跑到冲刺的能力。可以根据运动项目的特点和练习者的实际情况而设定每个阶段的距离。

（3）步行—慢跑—冲刺

摆放两个圆锥筒，间隔10～20米。从第一个圆锥筒处开始向前步行，慢慢进入慢跑状态，跑到另一个圆锥筒前进入冲刺状态。练习中要注意速度和节奏的变化。

三、速度素质训练的注意事项

（一）合理确定运动负荷

一般来说，要根据运动项目的代谢特征、速度要求来确定速度练习的重复次数、跑动距离、持续时间以及间歇时间。而且速度练习经常与反应练习、灵敏练习相结合。在直线速度训练中，固定好训练距离，灵活调整组间间歇时间，使运动员有足够的时间恢复身体，使神经系统与能量系统经过休息后能够维持正常的工作状态，为下次训练做好准备。一般情况下练习时间与间歇时间的比例是1：3或1：4，间歇时间可以适度延长，使运动员始终以强劲的动力和良好的状态参与训练。如果是在比赛周期内进行速度训练，就要在训练中有意识地加大训练量或将间歇时间缩短，使运动员持续完成高强度的练习，以良好的爆发力和速度耐力完成每项练习，以使其在比赛中将良好的竞技状态保持到最后。

（二）重视热身与放松

速度训练并不是随意组织的，运动员在训练中也不是随性发挥的，在正式训练前都会先制订一个合理的训练计划，而完整的速度训练计划既包括正式的训练内容，也包括训练前的热身和训练后的放松与休息。而在速度训练实践中，热身准备、放松休息总是被忽视，这也直接影响了速度训练的效果和取得一定训练效果后的维持时间。对此，要特别强调热身、休息放松在速度训练中的重要性。

热身准备虽然是在正式训练前完成的内容，但这也是训练的一个重要组成部分，应予以重视。一般在正式训练开始前利用10分钟时间做热身准备，向不同方向充分活动各关节组织，提高身体活动能力，这有助于在正式训练后很快进入最佳运动状态，同时也能有效预防软组织损伤。

不管是间歇中的短暂休息还是每次训练课结束后的休息，都要注重补水，夏季尤其要重视补水性休息。休息时要放松身体，做一些简单的静态性关节柔韧练习，对关节活动度进行调整，为下次训练做准备。

（三）灵活调整训练，不断进步

在速度训练中，如果运动员适应了一种练习，不要急着转换到其他练习中，而应该先确保之前的练习能够稳定、高质量地完成，并确保能够对称地完成练习，然后针对原来的练习做一些调整与升级，使该练习变得复杂化，这种调整式训练有时比直接切换到全新的训练更有效。在调整训练时，可以调整难度，调整练习方式，或将专项技能穿插其中，或将不同练习组合在一起，这就需要教练员根据自己丰富的经验去设计。速度训练方案应该是灵活的、可调整的、有弹性的，而且要有创意，将单一练习、组合练习等有机结合起来。

（四）预防和消除"速度障碍"

速度素质发展到一定水平，常会出现提高缓慢，甚至停滞不前的现象，此种现象被称之"速度障碍"。这是由于神经—肌肉系统发展到一个高峰，练习中常用不变化的手段，使训练量与强度对人体没有新的刺激作用，使频率节奏、技术等都达到一个相对稳定的状态所致。为了克服这种现象，继续提高速度，就应做到以下几点。

（1）加强基础训练。使运动员掌握好基本技术，全面提高水平，扩大机体能力，为提高专项能力打下扎实的基础，这可使速度障碍来得迟些。

（2）训练手段多样化，以不同的节奏和频率完成动作，建立中枢神经系统灵活多样的条件反射，可以防止或减缓速度障碍。

（3）如果已经出现了"速度障碍"现象，就应有计划、有针对性地发展运动素质，改进运动技术，加大训练的量和强度，加大刺激，采用各种训练手段。如上下坡跑、变速跑、顺风跑、牵引跑等，改变已形成习惯的动力定型，改变中枢神经系统的反射联系，建立新的条件反射。

制订综合性的速度训练计划，要考虑影响速度的多元因素以及影响专项运动成绩的多个变量，要事先评估，获得大量准确的、可靠的、可参考的信息，提高训练计划的针对性、科学性和专项化水平。在训练安排上既要灵活，又要创新，这样才能使运动员经过训练取得明显的进步。

第三节　耐力素质训练方法设计

耐力素质是运动员体能训练的重要内容，也是运动员从事运动训练和比赛的重要基础和保障，一切训练和比赛活动都少不了耐力素质训练。

一、耐力素质概述

（一）耐力素质的概念

耐力素质指的是人体在长时间工作或运动中克服运动疲劳的能力。这一耐力素质在一定程度上反映了人体健康水平或体质强弱，因此无论是作为普通人还是专业的运动员，都要重视自身的耐力素质训练。需要注意的是，人体各项体能素质并不是独立存在的，与其他体能素质之间存在着极为密切的联系。以耐力素质为例，耐力素质可以与力量、速度素质等相结合，形成力量耐力和速度耐力。这些素质都是运动员应具备的重要的体能素质。

（二）耐力素质的分类

依据不同的划分标准，可以将耐力素质划分为以下几类。

1. 按运动时间分类

（1）短时间耐力

短时间耐力指的是运动持续时间在 45 秒～2 分钟的项目所需的耐力。这一类运动项目所需的能量大多是通过机体的无氧代谢过程来进行提供的，运动员在训练的过程中，短时间会产生较高的氧债，在其运动的过程中，速度耐力发挥着重要的作用。

（2）中等时间耐力

中等时间的耐力指的是运动持续时间在 2～8 分钟以上的运动项目中所需的耐力。这一类耐力项目的运动负荷强度一般要相对较大，通常机体在运动过程中氧不能完全满足机体的运动需要，会在运动过程中产生一定的氧债。造成这种情况主要是因为无氧系统与运动速度成正比的关系。大量的研究表明，在1500米跑的过程中，无氧系统的供能几乎可以达到总供能的50%，而在3000米跑的运动过程中，无氧系统的供能只能占到总供能的20%左右。总之，对于一些中长跑项目而言，一定要重视运动员耐力素质的培养，其中中等时间耐力素质的提高非常重要。

（3）长时间耐力

长时间耐力是指将运动持续时间超过8分钟的运动项目所需要的耐力，如长跑、马拉松运动等，运动员的整个运动过程都是有氧系统供能，在运动中高度动员运动机体的心血管和呼吸系统，需要必要的耐力素质。运动员在参加这一类运动项目的训练和比赛时，其心率可达170～180次/分以上，心输出量约为30～40升/分，脉通气量可达到120～140升/分。对于长跑运动员来讲，一定要在平时重视自身耐力素质的培养和提高。

2.按氧代谢方式分类

（1）有氧耐力

有氧耐力是人体耐力素质重要的一种。它是指机体在氧气供应充分的情况下，坚持长时间运动的能力。机体的有氧代谢能力是机体对氧气的吸收、运输和利用能力的综合表现。机体想要提高自身输送氧气的能力，就必须要进行一定的有氧耐力训练，只有这样才能提高机体的新陈代谢能力，增强承受运动负荷的能力，如长跑、马拉松等运动都需要运动员具备较高的有氧耐力水平。这些项目的运动员一定要在平时加强有氧耐力的训练，不断提升自己的有氧耐力水平。

（2）无氧耐力

无氧耐力指的是机体在氧供应不足的情况下，坚持长时间运动的能力。一般情况下，无氧耐力运动项目的氧供应很难满足机体的运动需要，机体会在无氧条件下进行运动，产生较大的氧债，并且这类运动所产生的氧债，一般都需要在运动结束后才能得到偿还。因此，运动员一定要在平时注意抗氧债运动能力的培养和提高。这一能力对于举重、短跑运动员等具有重要的意义。

（3）有氧与无氧混合耐力

有氧与无氧混合耐力是一种介于有氧耐力和无氧耐力之间的特殊耐力，进行此类运动时，机体的有氧和无氧代谢同时参与供能。通常运动的持续时间长于无氧耐力而短于有氧耐力，如拳击、摔跤、跆拳道等都属于有氧和无氧混合耐力项目，这些项目的运动员要在平时采取各种手段与措施加强有氧与无氧混合耐力的训练，不断提升自身的混合耐力素质，否则就难以完成运动训练和比赛。

3. 按肌肉工作方式分类

按肌肉工作方式分类，可将耐力素质分为静力性耐力和动力性耐力两种。

（1）静力性耐力

机体在长时间的静力性肌肉工作中克服疲劳的能力为静力性耐力。这一耐力素质在射击、举重等项目中表现得非常突出。

（2）动力性耐力

机体在长时间的动力性肌肉工作中克服疲劳的能力为动力性耐力。这一耐力素质在滑雪、滑冰、游泳等项目中表现得尤为突出。

4. 按身体活动分类

按身体活动分类可将人的耐力素质分为以下两种。

（1）身体部位的耐力

身体部位的耐力主要是机体的某一身体部位在进行长时间运动时，克服疲劳的能力，如举重运动员进行长时间、高强度的力量训练，某些肌肉会出现酸胀、疼痛的感觉，如果继续训练，某些肌肉就容易出现疲劳现象，这种克服肌肉疲劳的能力表现，就是身体部位耐力水平的表现。需要注意的是，运动员在进行身体部位耐力训练时，一定要结合自身的实际合理调整运动负荷，否则会给身体带来不必要的运动伤害，得不偿失。

（2）全身的耐力

全身的耐力主要是整个身体机能在运动训练中克服疲劳的综合能力。它可以反映出运动者机体的综合耐力水平，如长跑、马拉松运动员等进行的耐力训练就属于全身耐力训练，这一训练内容要贯穿整个运动训练的始终。

5. 按运动项目耐力分类

（1）一般耐力

一般耐力指的是机体多肌群、多系统长时间工作的能力。对于任何运动项目而言，都需要一般耐力，这是重要的基础。对于不同的运动项目来说，各项目的特点对耐力素质的要求不同，因此，在进行一般耐力训练时，应充分考虑一般耐力与专项耐力之间的关系，有重点地进行训练。

（2）专项耐力

专项耐力是指为了获取专项成绩，运动员最大限度地动员机能的能力，克服专项负荷所产生的疲劳的能力。根据运动项目的不同，专项耐力呈现出不同的特点，如短跑项目的专项耐力需要保持较长时间高速度的速度能力；拳击、体操等专项耐力则需要有力量性的力量耐力和静力性耐力等。因此，不同的运动项目要具体分析。

（三）影响耐力素质的因素

可以说，影响运动员耐力素质的因素有很多，如运动员训练和比赛中的心理耐受能力、运动器官持续工作的能力、能源物质的储存情况和长时间运动中氧代谢的能力以及掌握运动技术的熟练程度和功能节省化的水平等。这些都是影响运动员耐力素质的重要因素。

需要注意的是，除了以上因素外，最为主要的一个因素是运动员在长时间运动中所产生的疲劳，造成机体工作能力暂时性下降。这是一种正常的生理现象，机体进行长时间的工作，会使体内的能量物质大量消耗，在得不到及时补充的情况下，必然会产生一定的疲劳。但是，疲劳是提高有机体工作能力所必需的，它是有机体机能恢复与提高的刺激物，没有疲劳的刺激，机体机能就不会得到提高。因此，提高耐力素质对体能的发展和人体克服疲劳能力非常重要。运动员在平时的体能训练中，要将耐力素质训练放在非常重要的位置，尤其是对于长跑运动员而言。

二、耐力素质训练方法

一般情况下，耐力素质训练主要包括无氧耐力训练、有氧耐力训练和混合耐力训练等。

（一）无氧耐力训练

1.高抬腿跑转加速跑

训练方法：运动员做好准备，行进间高抬腿跑20米左右转加速跑80米。反复练习5～8次，每次间隔2～4分钟。

训练强度：80%～85%。

2. 间歇接力跑

训练方法：4 名练习者分成两组在跑道上相距 200 米，听口令起跑，每人跑 200 米交接棒。每名练习者重复 8～10 次。

训练强度：65%～70%。

3. 反复超赶跑

训练方法：选择合适的田径场跑道，10 名练习者成纵队慢跑或中等速度跑，听口令后，排尾加速向排头跑。重复 6～8 次。

训练强度：65%～75%。

4. 反复起跑

训练方法：运动员采用站立式或蹲踞式姿势，起跑 30—60 米。每组 3—4 次，反复练习 3—4 组，一组两次之间间歇 1 分钟，两组之间间歇 3 分钟。

训练强度：65%～75%。

5. 计时跑

训练方法：一般情况下，可做短于专项距离的重复计时跑或长于专项距离的计时跑。重复 4～8 次，间歇 3～5 分钟。

训练强度：70%～90%。

6. 反复变向跑

训练方法：运动员在场地上听口令或看信号做向前、后、左、右的变向跑。变向跑的每一段落均为往返跑，每一段至少 50 米。每次练习 2 分钟，反复练习 3～5 次，间歇 3～5 分钟。

训练强度：65%～70%。

7. 反复连续跑台阶

训练方法：运动员在每级高 20 厘米的楼梯上连续跑 30～40 步台阶，每步 2 级，动作不能间断。反复练习 6 次，间隔 5 分钟。

训练强度：65%～70%。

8. 法特莱克跑

训练方法：运动员以不同的速度在场地上跑 3000～4000 米，在练习的过程中可以采用阶梯式变速方法进行练习。

训练强度：60%～70%。

9. 水中短距离间歇游

训练方法：运动员进行 50 米、100 米或更长段落的反复，或不同距离组合的间歇游。3～4 次为 1 组，共重复 3～4 组，一组中每次间歇 2～3 分钟，每组之间间歇 10 分钟。

训练强度：60%～70%。

10. 水中间歇高抬腿

训练方法：运动员在 40～50 厘米深的浅水中进行原地高抬腿练习，每组 100 次，重复 4～6 组，组间休息 3 分钟以恢复体力。

训练强度：60%～65%。

11. 游泳接力

训练方法：两名运动员相互配合做 50 米往返接力练习，可利用混合游泳的姿势进行练习。通常情况下，每人游 4 次为一组，重复 3～4 组，组间可以休息 5～8 分钟，然后继续进行练习。

训练强度：60%～70%。

12. 分段变速游泳

训练方法：运动员以 50 米为一段落进行变速游泳，每组 250～300 米，重复 4～5 组，组间休息 10 分钟。变速分为快速段落和放松段落两个部分。快速段落至少要达到最快速度的 70%，放松段落可以根据运动员的具体实际进行合理的调整。

训练强度：65%～75%。

13. 水中追逐游

训练方法：两名运动员相距 3～5 米同时出发做追逐游泳练习。两人必须采用相同的游进姿势。每次 50 米往返，重复练习 3～5 组，心率达 160 次/分钟以上。

训练强度：65%～75%。

14. 上下坡变速跑

训练方法：运动员可以在 7 度～10 度的斜坡跑道上做上坡加速快跑 100～120 米，下坡放松慢跑回起点。每组 4～6 次，重复 3～5 组，组间休息 10 分钟继续练习。

训练强度：65%～75%。

15. 两人追逐跑

训练方法：两名练习者一组，在跑道上相距 10～20。听口令后起跑，后面练习者追赶前面同伴，800 米内追上有效。休息 3～5 分钟后，交换位置继续练习。重复练习 4～6 次。

训练强度：65%～75%。

16. 往返运球跑

训练方法：运动员在篮球场地上从一端线运球到另一端线，然后换手运球返回，往返 6 次为一组，练习 4～6 组，组间安排休息 2 分钟。

训练强度：60%～75%。

17. 跳绳跑

训练方法：运动员在跑道上做两臂正摇跳绳跑，每次跑 200 米，反复练习 5～8 次，每次间歇 5 分钟。要求每次结束时心率达 160 次 / 分，间歇恢复到 120 次 /1 分以下时继续练习。

训练强度：60%～70%。

18. 双脚或两脚交替跳藤圈

训练方法：运动员两手握藤圈，原地双脚连续跳藤圈或双脚交替连续跳。双脚跳每组 50～60 次，交替跳每组 100 次，各重复 4～5 组，组间安排 3 分钟休息时间。

训练强度：50%～60%。

（二）有氧耐力训练

1. 变速跑

有氧耐力训练的变速跑要在场地上进行。一般来说，主要包括快跑段、慢跑段两种距离。通常情况下，以 400 米、600 米、800 米、1000 米等段落进行，运动员也可以根据自己的具体实际进行合理的调整和选择，如运动员可以采用 200 米慢跑变速为 600 米快跑的形式进行有氧耐力的练习。

2. 定时走

一般情况下，运动员可以在场地、公路或其他自然环境中按规定时间做自然走或稍快些自然走。通常走 30 分钟左右即可。

3. 定时跑

运动员还可以在场地、公路、树林中做 10～20 分钟或更长时间的定时跑。

耐力素质较好的运动员可以依据自己的具体实际调整定时跑的时间。

4. 定时定距跑

运动员可以在场地或公路上做定时跑完固定距离的练习。如要求在 14～20 分钟内跑 3600～4600 米。

5. 重复跑

可以选择在一块平坦的场地上或跑道上进行练习，重复跑的距离次数与强度也应根据专项任务与要求而定。发展有氧耐力重复跑强度不应太大，跑距应较长些。一般重复跑距为 600 米、800 米、1000 米、1200 米等。

6. 大步走、交叉步走或竞走

运动员可以在场地、公路或其他自然环境中做大步快走、交叉步走或几种走交替进行。每组大约 1000 米，做 4～6 组，反复进行练习。

7. 越野跑

可以在公路、树林、草地、山坡等场地进行越野跑的练习。对越野跑的距离没有什么硬性的要求，通常在 4000 米以上，运动员可以根据自己的具体实际进行适当的调整，运动水平较高的运动员通常能跑 10000～20000 米。

8. 沙地竞走

运动员可以在海滩沙地上做竞走练习，一般情况下，每组 500～1000 米，练习 4～5 组，反复进行练习。

9. 竞走追逐

运动员可以选择在田径跑道上做竞走追逐的练习，两人前后相距 10 米，听口令开始竞走，后者追赶前者，每组 400～600 米，练习 4～6 组。在练习的过程中，运动员的竞走姿势必须要标准，分组练习结束后再做放松慢跑的练习，以促进机体疲劳的恢复。

10. 沙地连续走或负重走

运动员可以在海滩沙地徒手快走或负重（杠铃杆或背人）走。徒手快走每组 400～800 米，负重走每组 200 米。

11. 水中定时游

运动员可以不规定游泳姿势及速度，在水中游一段时间，可以采用 15 分钟游、20 分钟游等练习方式。运动员要不间断地游，不能停留太长的时间。

12. 连续踩水

运动员可以选择在游泳池深水区做踩水练习，在练习时，运动员将手臂露出水面做连续的踩水练习，也可以加大难度，将肩部露出水面做踩水练习。

13. 水中快走或大步走

运动员可以在深 30～40 厘米的浅水池中做快速走或大步走练习，每组 200～300 米或 100～150 步，练习 4～5 组，反复进行练习。

14. 5 分钟运球跑

运动员可以单手或双手交替运球跑动 5 分钟。不间断地进行练习，练习过程中要保持一定的距离。

15. 长时间划船

运动员可以选择连续不间断地做 20 分钟以上的划船练习。

16. 长时间滑雪、滑冰

运动员可以连续不间断地进行 15 分钟以上的滑雪及滑冰活动练习。

17. 5 分钟以上的循环练习

运动员可以根据运动专项选择 8～10 个练习，组成一套循环练习，反复循环进行 5 分钟以上，每次进行 3～5 组，组间歇 510 分钟。心率在活动结束时控制在 140～160 次 / 分左右，休息恢复到 120 次 / 分以下再开始下一组练习。一般情况下，强度应控制在 40%～60%。

三、耐力素质训练的注意事项

（一）注意呼吸的节奏与动作相一致

呼吸的作用在于有效摄取耐力练习时有机体所需要的氧气。在训练过程中，当运动员进行中等负荷耐力练习时，会出现每分钟耗氧量与氧供给量之间的不平衡，如果不及时进行处理，久而久之就会出现不平衡现象。因此，散打运动员的耐力训练一定要注意呼吸的节奏。在其耐力素质训练中，运动员可以适当加深呼吸深度为主的供氧能力训练。与此同时，散打运动员还应注意呼吸节奏与动作节奏的密切配合，只有如此才能使运动员耐力训练具有一致性，使呼吸与动作协调。

（二）注意对体重进行适当控制

在运动员的专项耐力训练中，还要结合运动项目的特点适当控制运动员的体重。因为如果人体肌肉中脂肪过多，就会增大肌肉的阻力，摄氧量会出现一定的下降。在这样的情况下，运动员机体会消耗大量的能量，不利于耐力素质的发展和提高。需要注意的是，有很多项目都对运动员的体重有一定的要求，如体操、拳击等运动项目，长期进行这些项目的训练，需要控制一定的体重，如此才能取得理想的训练效果。

（三）注意消除运动疲劳和恢复机能

由于运动员耐力训练的时间都比较长，因此会消耗机体大量的能量，在这种情况下，必须要及时合理地补充能量，如此机体才能更快地恢复及获得超量能源的储备。在充足的能量储备下，下一次的训练才能安全和有效。尤其是对于一些耐力性项目的运动员而言，合理及时地补充能量极为重要，这直接影响到耐力训练的效果。另外，在训练的过程中，还要注意运动疲劳的恢复，可以采用生物学、营养学、心理学等方面的恢复方法，促进机体的有效恢复。

（四）注意做好耐力训练过程中的医务监督

运动员进行长时间的耐力素质训练会消耗大量的体能，在这种情况下，身体各系统机能就会受到一定的影响。如果在身体条件欠佳和能量不足的情况下继续参加训练，人体各系统功能就容易受到损害。因此，为避免这种情况，就需要加强医务监督工作，这是一项非常重要的工作。

运动员耐力训练的医务监督，主要包括机能评定与运动员负荷安排的承受情况。运动员的机能评定应包括血压、心率和自我感觉等内容；运动员负荷安排的承受情况则主要通过运动员的技术动作变异程度、面部表情变化等来确定。通过运动员耐力训练，医务监督工作的开展能有效地避免运动损伤，保证运动员训练中的安全。

（五）注意遵循体能训练的基本原则

运动员的耐力素质训练不是盲目的，在进行训练的过程中要根据他们的生长发育特点与规律合理选择适宜的训练手段。有很多的运动员并没有从小就接触训练，其身体素质并不高，因此在进行耐力训练时就需要遵循以下基本原则。

（1）在合适的时机培养和提高运动员的专门性耐力训练水平。

（2）周期性原则。运动员的耐力素质训练呈现出鲜明的周期性特征，因此一定要遵循运动训练的周期性原则。

（3）一致性和协调性原则。运动员的专项耐力训练要与一般耐力训练相结合，二者要获得协调一致的发展。

（4）针对性和持续性原则。运动员的耐力素质训练要有针对性，同时还要保持持续性，这样才能获得理想的训练效果。

（5）控制性原则。运动员耐力素质的培养与训练，需要高效率的控制，只有如此才能获得理想的训练效果。

（六）注意选择科学、合理的饮食结构

运动员在进行耐力素质训练时，除了注意运动安全外，还要摄入充足的营养。只有如此才能保证运动员在训练中对能量的需求。因此，在平时的生活与训练中，运动员要建立一个正确的饮食结构，饮食结构要合理，能满足身体机能对高碳水化合物、蛋白质、维生素等营养物质的需要。

（七）注意有意识地培养意志品质

耐力素质的训练是非常枯燥无味的，没有一个良好的意志品质，运动员是很难坚持下去的。因此，加强运动员意志品质的培养与训练是十分重要的。在培养运动员意志品质的过程中，要注意运动员运动负荷的合理安排，不能为了锻炼运动员的意志品质而盲目地加大运动负荷，这是不科学的，容易给运动员带来不必要的伤害。

第四节　柔韧素质训练方法设计

柔韧素质和协调素质是体能的重要组成部分，柔韧素质能够控制肌肉的收缩与放松，为动作提供良好的动力，促进身体协调能力和动作效果的提升。

一、柔韧素质概述

（一）柔韧素质的概念

柔韧素质指的是人体各个关节的活动幅度以及肌肉、肌腱和韧带等软组织的

伸展能力。人体各关节活动幅度加大以及软组织在较大范围内灵活伸展有助于人体更好地支配技术动作，提升动作的舒展度和美感，并起到预防损伤的效果。

（二）柔韧素质的分类

1. 一般柔韧素质与专项柔韧素质

这是依据柔韧素质与专项的关系划分的类型。

一般柔韧素质包括满足人体的肌肉、韧带、肌腱的一般性活动幅度和伸展能力。

专项柔韧素质是指进行一定强度的体育锻炼时所必备的柔韧素质。

2. 静力性柔韧素质与动力性柔韧素质

这是依据柔韧素质外部运动状态的表现划分的。

静力性柔韧素质指肌肉、肌腱、韧带根据静力性技术动作的具体需要，拉伸到动作所要求的位置角度，控制其停留一定时间所表现出来的能力。

动力性柔韧素质是指肌肉、肌腱、韧带根据动力性工作的具体需要被拉伸到解剖穴位上的最大控制范围，随即利用强有力的弹性回缩力来完成动作所表现出来的能力。[①]

（三）柔韧素质的作用

不管是个人项目的运动员还是集体项目的运动员，通过柔韧素质练习都能获得很大的益处。柔韧素质的作用具体体现在以下几个方面。

1. 柔韧练习的主要方法是拉伸，拉伸训练的强度一般是最大用力的 30%，长期的拉伸练习有助于促进运动员爆发力的增强，也能使运动员在训练和比赛中预防损伤。

2. 力量、速度和耐力这三大身体素质在任何运动项目中都是非常重要的，是所有运动员都必须具备的三大基本体能素质，而运动员运用这些素质的熟练度和运用效果一定程度上是由其柔韧性所决定的。

3. 柔韧素质也会影响速度的提升，在速度类项目中，柔韧素质好的运动员不仅能够很好地控制动作，还能在增加动作幅度的同时产生加速度，快速完成动作。

---

① 张英波. 现代体能训练方法 [M]. 北京：北京体育大学出版社，2006.

4.在爆发力和耐力主导类项目中，良好的柔韧性能够帮助运动员节省体力和能量，提高动作的经济性，延缓运动疲劳的出现时间。

5.柔韧素质与协调能力也息息相关，良好的柔韧性对协调能力的提升具有积极影响。

6.柔韧素质对动作质量的影响是显而易见的，柔韧性好的运动员完成动作的质量更高，动作更优美，有很大的观赏价值。

二、柔韧素质训练方法

（一）颈部拉伸

1. 前拉头

站于地面（也可在垫子上坐立），双手置于头后并交叉。呼气拉动头部使之与胸部靠近，下颌与胸部接触（如图 4-2 所示），保持该动作 10 秒左右再结束。

图 4-2　前拉头示意图

2. 侧拉头

站于地面（也可在垫子上坐立），左臂的肘部在背后弯曲，从背后用右臂将左臂肘关节抓住。向右拉左臂的肘关节直到过身体中线。呼气，使右耳与右肩紧贴（如图 4-3 所示），保持该动作 10 秒左右再结束。

图 4-3　侧拉头示意图

3. 后拉头

站于地面（也可在垫子上坐立），慢慢向后仰头，双手置于前额，慢慢将颈部向后拉动（如图 4-4 所示），保持该动作 10 秒左右再结束。

图 4-4　后拉头示意图

4. 仰卧前拉头

膝部弯曲仰卧在地上，双手置于头后并交叉。呼气，拉动头部使之与胸部靠近（如图 4-5 所示），保持该动作 10 秒左右再结束。

图 4-5 仰卧前拉头示意图

（二）肩部拉伸

1. 侧对门框，两脚开立。

2. 伸展右臂，与腰齐高。

3. 右前臂转动至手指将门框边缘抓住。

4. 向左转体，持续拉伸 1 分钟。

5. 慢慢还原、放松。

6. 身体左侧侧对门框，伸展左臂，按上述方法练习。

两侧交替练习。

（三）胸部拉伸

1. 跪拉胸

跪立于地面，向前倾斜身体，双臂前臂在高于头部的位置交叉并将双手放在台子上。呼气，头部和胸部尽量向下沉，直到与地面接触。可以按照上述方法进行多次练习（如图 4-6 所示），保持该动作 10 秒左右再结束。

图 4-6 跪拉胸示意图

2. 开门拉胸

打开一扇门，双脚前后分开站立在门框内，向外伸展双臂肘关节使之与肩齐平。双臂前臂向上，掌心与墙相对。呼气，向前倾身体并对胸部进行拉伸。可以按照上述方法进行多次练习（如图 4-7 所示），保持该动作 10 秒左右再结束，继续提高双臂，对胸下部进行拉伸的练习也是可取的。

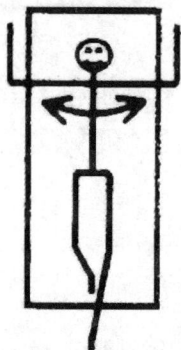

图 4-7　开门拉胸示意图

3.坐椅胸拉伸

坐于椅子上，双手交叉于头部后方，椅背的高度与胸的中部齐平。吸气，向后移动双臂，向后仰躯干的上部，将胸部拉伸（如图 4-8 所示），保持该动作 10 秒左右再结束。

图 4-8　坐椅胸拉伸示意图

（四）背部拉伸

1.上背部拉伸

（1）在椅子上坐好，身体放松。

（2）一只手臂经体前搭在异侧肩上，另一侧于臂体前屈搭手臂的肘部，持续拉伸 1 分钟。

（3）换另一只手臂搭在异侧肩膀上，按上述方法练习，同样持续拉伸1分钟。两侧交替练习。

注意两脚在地上位置不变，背部始终处于挺直状态。

2. 后背中部拉伸

（1）坐在垫子上，上体挺直，一腿贴地伸直，另一腿屈膝交叉在伸直腿外侧。

（2）与伸直腿同侧手臂的肘放在屈膝腿膝盖上，另一侧手伸展支撑于地面。

（3）放在屈膝腿膝盖处的肘用力推屈膝腿，使上肢与屈膝腿分开一定距离，上体顺势向一侧扭转，持续拉伸1分钟。

（4）另一条腿屈膝，向另一侧扭转拉伸，方法同上。

两侧交替练习。

3. 下背部拉伸

（1）在垫子上仰卧，头枕在枕头上。

（2）两腿向同一侧屈膝上抬靠近胸部，直至大小腿垂直。

（3）肩膀始终在地面上固定不动，保持拉伸姿势1分钟。

（4）两腿伸展放松，再次屈膝向另一侧拉伸。

两侧交替练习。

（五）大腿拉伸

1. 大腿前侧拉伸

（1）两脚开立，一侧腿屈膝下跪，保持膝关节弯曲90度，另一侧腿屈膝至大腿平行地面，保持骨盆与髋处于平直状态。

（2）身体下压，前腿膝关节角度不变，髋关节异侧腿有明显的拉伸感。

（3）持续拉伸1分钟。

（4）下跪腿屈膝，大腿平行地面，另一侧腿屈膝跪地，膝关节弯曲约90度，然后按同样的方法练习。

（5）两腿交替练习。注意上身始终挺直不动，不能前后仰。

2. 大腿后侧拉伸

（1）在垫子上仰卧，将枕头垫在头下，整个身体面向一道门。

（2）臀部完全贴在地上。

（3）一条腿举起放在墙上，充分拉伸，但不必一定要伸直，伸展到最大限度即可。

（4）另一条腿伸向门柱，若有不适感，可将一个枕头或其他软物垫在膝关节下。

（5）持续拉伸1分钟。

（6）伸向门柱的腿踏墙，跨墙腿伸向门柱，继续按上述方法练习，两腿交替练习。

3. 大腿中部拉伸

（1）背对着墙坐在垫子上，两脚脚外侧着地，脚底并在一起，双膝下压，但不要勉强，使腹股沟部位有明显的拉伸感。

（2）背部保持挺直状态，不要塌腰。

（3）持续拉伸1分钟，然后放松1分钟。

重复练习。

4. 大腿侧面拉伸

（1）在垫子上仰卧，将枕头垫在头下。

（2）分开两腿，臀、盆骨完全着地。

（3）一条腿屈膝抬起，膝关节向腹部靠近，脚落在另一侧腿膝关节上方。

（4）抬起腿向异侧移动直至与身体基本垂直，臀部不离地。

（5）屈膝腿异侧手放在屈膝腿膝盖处轻轻拉伸，注意不能用蛮力强迫拉伸。

（6）持续1分钟，换另一侧腿按上述方法继续练习。

两腿交替练习。

（六）小腿拉伸

1. 小腿前侧拉伸

（1）在椅子上坐好，一腿屈膝抬起放在支撑腿大腿上，脚踝位于支撑腿的膝盖外缘。

（2）支撑腿同侧手将屈膝腿脚尖外侧抓住，向同侧拉，使小腿有明显的拉伸感。

（3）持续拉伸1分钟。

（4）屈膝腿落地成为支撑腿，之前的支撑腿屈膝抬起放在另一侧腿的大腿上，按上述同样的方法进行练习，同样持续拉伸 1 分钟。

两腿交替练习。

2. 小腿后侧拉伸

（1）在椅子上坐好，两脚分开。

（2）将 8～12 厘米厚的书放在脚的正前方。

（3）左脚的脚掌踏在书上。

（4）轻微拉伸小腿部位。

（5）持续 1 分钟。

（6）左脚落地，右脚脚掌放在书上，脚跟着地，轻微拉伸右腿小腿部位。

两侧交替练习。

（七）臀部拉伸

1. 在垫子上仰卧，整个身体面向墙，将枕头垫在头下。

2. 两脚分开，右侧腿抬起置于墙上，并屈膝至大小腿垂直。左侧腿举起放在右腿上，膝、踝关节超过右侧腿的膝盖。

3. 臀和骨盆始终在地上，体会臀部左侧的拉伸感。

4. 持续 1 分钟。

5. 左侧腿抬起放在墙上，右腿举起放在左腿上，按上述方法重复练习。

两腿交替练习。

（八）肩关节柔韧训练

1. 向内拉肩

站姿，一侧手臂肘关节抬到齐肩高，屈肘与另一臂交叉。另一臂抬到齐肩高，将对侧肘关节抓住，呼气，向后拉，保持片刻。

2. 助力顶肩

跪姿，双臂上举，双手交叉于身后的辅助者颈后。辅助者手扶在髋部，后仰，用髋部向前上顶保持片刻。

3. 背向拉肩

背对墙而立，双臂向后伸展扶墙。呼气，屈膝，重心下移，手臂和上体充分伸展，保持片刻。

三、柔韧素质训练的注意事项

（一）合理安排训练负荷

1. 训练频率

每天的拉伸练习至少安排两次，每次要尽可能兼顾对多个肌群的拉伸，而且每个肌群拉伸次数不少于 3 次。

保证一定的训练频率，能够提升运动知觉，增加肌肉弹性，使肌肉感受器更灵敏，更好地加工大量信息，在肌肉受到负荷刺激后做出灵敏和恰当的反应。

2. 训练强度

柔韧素质训练强度不大，一般为最大强度的 30%～40%。低强度拉伸也能使肌腱组织和结缔组织的柔韧度提升，并分解与恢复受伤的肌肉组织。如果损伤组织较多，低强度拉伸也不会造成很大的刺激，对组织恢复与再生很有帮助。

做拉伸练习时要注意安全，不能有明显的疼痛感，否则会拉伤肌肉。如果肌肉疼痛感强烈，人会下意识地去采取保护措施，保护意识被激活后，肌肉会潜意识地进入紧张状态，这会制约关节的活动范围。

控制好拉伸练习的强度，还有助于促进肌肉损伤的恢复和结缔组织的重组。

3. 持续时间

一次拉伸练习的持续时间以 1 分钟为宜，如果时间过长，那么也要相应延长间歇时间，这样就会增加张力，对高尔基腱器官造成一定的刺激，使其在负荷下做出一定的反应，从而增加肌肉的紧张度，这容易引起轻微的肌肉撕裂，因此必须控制好持续拉伸的时间。

（二）兼顾发展关联部位

体育运动中一些技术动作的完成需要多个关节或部位的协调配合，因此在柔韧素质训练中要注意关联部位的兼顾练习，如果其中一个部位训练不到位，就会影响其他部位的发展，影响动作的顺利完成。兼顾发展关联部位能够满足专项之需，提高动作的质量。

第五节　灵敏素质训练方法设计

一、灵敏素质概述

（一）灵敏素质的概念

灵敏素质是指人体迅速改变体位、转换动作和随机应变的能力。它是多种运动技能和身体素质在运动中的综合表现，是一种较为复杂的素质。在某些需要迅速改变体位的运动项目中灵敏素质显得尤为重要，如球类和体操等项目中的急起、急停和快速改变方向等动作，都需要运动员具有良好的灵敏素质。由此可见，灵敏素质是一种综合素质，是速度、柔韧、力量等素质的综合反映，因而成为所有对协调、灵活、准确和应变能力都有很高要求的运动项目最重要的素质。灵敏素质包括协调性、灵活性和准确性三大基本能力。其中"协调性"是运动技能的关键能力，协调性又包括了许多具体能力。它是指运动员有机体各部分活动在时间和空间里相互协调配合，合理有效地完成动作的能力。"灵活性"是指运动员快速转换动作的能力，与运动员神经过程的灵活性和动作速度、反应速度的好坏有紧密的联系。"准确性"是指在完成动作时，运动员在空间、时间和用力特征等方面与运动任务相吻合，以最节省化的程度准确无误地完成动作的能力。

灵敏素质具有明显的项目特点，如体操运动员的灵敏素质主要表现为对身体姿势的控制和转换动作的能力，球类运动灵敏素质则主要表现为对外界环境变化能及时而准确地转换动作以做出反应的能力。

（二）灵敏素质的分类

灵敏素质可分为一般灵敏素质和专门灵敏素质两类：一般灵敏素质是指在完成各种复杂动作时所表现出来的适应变化着的外环境的能力，如各种情况下的变向能力。专项灵敏素质是指根据各专项所需要的与专项技术有密切关系的，以及适应变化着的外环境的能力，如球类运动中快速变向过人的能力等。

（三）灵敏素质的影响因素

灵敏素质主要受大脑皮层神经过程的灵活性以及分析综合能力、各感觉器官的技能状态、掌握的运动技能及其他身体素质水平的影响。

1. 大脑皮层神经过程灵活性及其分析综合能力

神经过程的灵活性好，兴奋与抑制转换得快，才能使机体在内环境条件发生变化时迅速地做出判断及反应，并根据当时的情况及时调整或修正动作，尤其是在对抗性项目中（如球类、击剑和摔跤等），随着运动形式的变化，动作的性质及强度都将发生变化，机体必须迅速对情况作出判断。

2. 各感觉器官的机能状态

在完成动作的过程中，需要运动员具有良好的感觉机能，表现为动作准确、变换迅速，并且能在空间和时间上表现出准确的定向能力，这就要求各种感觉器官如视、听、味和本体感觉器官具有良好的敏感性。因此，灵敏素质的发展和各种分析器机能的改善有密切的关系。

3. 掌握的运动技能及其他身体素质水平

灵敏素质是多种运动技能和身体素质在运动中的综合表现。掌握的运动技能数量越多而且越熟练时，灵敏素质才能越充分地表现出来。因为运动技能是在多种感觉机能参与下在大脑皮层有关中枢间建立暂时的神经联系，这种暂时的联系建立得越多，在环境改变需要做出反应时，大脑皮层有关中枢间暂时的神经联系的接通就越迅速和准确，并能在有条件反射的基础上创造出更多的新颖动作和做出更完善的协调反应。

灵敏素质还需要其他身体素质的保证，如必须有一定的力量、速度、耐力及柔韧性等素质，才能真正地适应复杂的环境变化，并做出准确的反应。此外，灵敏素质还受年龄、性别、体重和疲劳等因素的影响。一般认为，少年时期灵敏素质发展最快；男孩比女孩灵活，尤其在青春期后，男孩的灵敏性更好；体重过重会影响灵敏素质的发展；身体疲劳时，爆发力、动作速度、反应速度及协调性等都会下降，灵敏素质也会显著下降。

二、灵敏素质训练方法

（一）徒手训练方法

1. 单人训练

主要包括弓箭步转体、立卧撑跳转体、前后滑跳、屈体跳、腾空飞脚、跳起转体、快速后退跑、快速折回跑等。

2. 双人训练

主要包括障碍追逐、手触膝、过人、模仿跑、撞拐、巧用力等。

（二）器械训练方法

1. 单人训练

主要包括各种形式的个人运球、传球、顶球、颠球、托球等训练，单杠悬垂摆动、双杠转体跳下、挂撑前滚翻、翻越障碍、钻栏架、钻山羊以及各种球类运动、技巧运动、体操运动的专项技术动作训练等。

2. 双人训练

主要包括各种形式的传球、接球、抢球，包括吊球、扑球、跳起踢球、接球翻滚等，以及双杠杠端支撑跳下换位追逐、肋木穿越追逐等训练。

（三）组合训练方法

1. 两个动作组合训练

主要有交叉步—后退跑、后踢腿跑—圆圈跑、侧手翻—前滚翻、转体俯卧—膝触胸，变换跳转髋—交叉步跑、立卧撑—原地高抬腿跑等训练。

2. 三个动作组合训练

主要有交叉步侧跨步—滑步—障碍跑、旋风脚—侧手翻—前滚翻、弹腿—腾空飞脚—鱼跃前滚翻、滑跳—交叉步跑—转身滑步跑等训练。

3. 多个动作训练

主要有倒立前滚翻—单肩后滚翻—侧滚—跪跳起、悬垂摆动—双杠跳下—钻山羊—走平衡木、跨栏—钻栏—跳栏—滚翻、摆腿后退跑—鱼跃前滚翻—立卧撑等训练。

三、灵敏素质训练的注意事项

（一）训练方法、手段应多样化并经常改变

灵敏素质的发展与各种分析器和运动器官机能的改善有密切的关系。人体能否在运动中表现出准确的定向定时能力和动作准确、迅速变换的能力，都取决于各种分析器和运动器官功能的提高。而人体一旦对某一动作技能熟练到自动化的程度时，再用该动作去发展灵敏素质的意义就不大了。为此，发展灵敏素质训练的方法应是多种多样的，并且要经常改变。这样不仅可以使人掌握多种多样的运动技能，还可以提高人体内各种分析器的功能，在运动中能够表现出时空三维立体中的准确定向定时能力，还能表现出动作准确、变换迅速的能力。

（二）训练时应注意消除练习者的紧张心理状态

在进行灵敏素质练习时，教练员应采用各种有效的方法与手段，消除练习者紧张的心理状态和恐惧心理。因为人在心理紧张时，肌肉等运动器官也必然紧张，会使反应迟钝，动作的协调性下降，影响练习的效果。

（三）要掌握本专项运动一定数量的基本动作

运动技能本质是条件反射，这种在大脑皮层中建立的条件反射暂时联系的数量越多，临场时及时变换动作的暂时联系的接通就越迅速和准确，在已掌握的运动技能的基础上，可以快速形成新的应答性的动作来应付突然发生的情况。因此应尽量多掌握一些基本的动作、基本技术及战术等，这样做有利于提高灵敏素质。

由于灵敏素质是人体综合能力的表现，发展灵敏素质还必须从培养人的各种能力入手，在练习中广泛采用发展其他身体素质的方法来发展灵敏素质，并培养掌握动作的能力、反应能力、平衡能力等。

（四）应结合专项运动要求进行训练

灵敏素质具有专项化的特点。经验丰富的教练员都会针对本专项运动对灵敏素质的特殊要求安排灵敏素质训练，使训练效果与专项运动要求相一致。例如，篮球运动员多做发展手的专门灵敏性训练，以提高其手感和控球能力；足球运动

员多做一些脚步移动和用脚控球的练习；体操技巧等项目运动员多做一些移动身体方位的练习等。此外，还应注意控制练习者的体重。

（五）要抓住发展灵敏素质的最佳时期

灵敏素质是在中枢神经系统的指挥下，各种能力的综合表现。儿童少年的神经系统是人体发育最早、最快的系统，他们具有较好的反应能力，动作速度、平衡能力、节奏感等方面具有很大的发展潜力，这些都为发展灵敏素质提供了有利的条件，因此，应抓紧这一时期进行灵敏素质练习。

（六）要合理安排训练时间

灵敏素质的训练在整个训练过程中都应该适当安排，使之系统化。但训练时间不宜过长，练习重复次数不宜过多。因为机体疲劳时，运动员的力量水平会下降，速度将减慢，节奏感被破坏，平衡能力会降低，这些都不利于灵敏素质的发展。有经验的教练员都是根据不同训练过程的特点来安排灵敏素质的训练，如随着比赛临近，技术训练比重增加，协调能力的训练应相应加强。准备期以一般灵敏素质训练为主，比赛期以专项灵敏性训练为主。在一次训练课中应把灵敏素质的训练安排在课的前半部分；让运动员处在体力充沛、精神饱满、运动欲望强的状态下进行练习。

（七）训练中应有足够的间歇时间

在进行灵敏素质的训练过程中应有足够的间歇时间，以保证氧债的偿还和肌肉中 ATP 能量物质的合成。但休息时间又不可过长，休息时间过长会使中枢神经系统的兴奋性大幅度下降；在下次训练中就会减弱对运动器官的指挥能力，使动作协调性下降、速度减慢、反应迟钝，这必然影响练习的效果。一般来讲，练习时间和休息时间可控制在 1∶3 的比例。

第五章 运动伤病与防护

在运动健身过程中，缺乏运动和保健方面的知识经常会造成一些伤病事故，不但影响自己的工作和生活，还会给其他参加运动者带来心理影响。为防止和减少运动性伤病的发生，首先要初步掌握一些科学的体育锻炼知识，同时运动要注意循序渐进，持之以恒，最好在体育指导员的带领或指导下进行活动或按适合自己的运动处方进行锻炼。对经常容易出现的一些伤病，应对其发病原因、机理、症状、处理、预防有一定的了解，这样才能达到预防伤病的出现或伤病出现后能及时正确地处理，以保证健身运动的正常进行。本章主要介绍运动伤病与防护，从两个方面进行阐述，分别是常见运动伤病与预防和运动损伤的处理。

第一节 常见运动伤病与预防

一、头部损伤

（一）头皮损伤

头皮是颅脑最表层的软组织。头皮包括皮肤、皮下组织、帽状腱膜、腱膜下层和颅骨骨膜五层。前三层紧密相连，皮下组织层内有丰富的血管，这些血管被结缔组织包绕固定，损伤后不易收缩止血；腱膜下层为疏松结缔组织，连接头皮，颅骨板障静脉的血管行经此层；头皮血液由颈内、外动脉的分支供应，左右各五支，在颅顶汇集，且各分支间有广泛吻合，故头皮抗感染和愈合能力强。颅脑损伤大多伴有头皮损伤，头皮损伤包括头皮擦伤、头皮血肿、头颅裂伤和头皮撕脱伤，损伤部位的检查与治疗有助于判断颅脑损伤的部位与性质。根据头皮损伤程度不同，可分为多种类型，其处理原则和方法也各不相同。

（二）脑震荡

脑震荡指由暴力引起的一时性脑功能障碍，其无器质性改变，是原发性脑损伤中最轻的一种。

1. 发生损伤的原因

脑震荡即头部受外力冲击而引起的、影响大脑的一个复杂的病理生理过程。可以由直接外力作用到头部、面部、颈部而引起，如足球运动员头与头、头与门柱、头与地面以及头与球的碰撞；也可由间接性外力经身体其他任何一个部位传导到头部而引起。一个运动员在一场比赛中平均头球 6 次，但在训练中则远远超过这个数目，这样计算，一个运动员在其足球生涯中，头球次数累计可达数千次甚至上万次。

最新的研究表明，一些运动员在经过常年的反复头球后，可引起严重的后果，如退役后会出现记忆力、注意力、判断力的下降。在患脑震荡后，他们的智力下降与他们平时训练和比赛中的头球次数呈正相关。在三分之一的退役足球运动员的头部扫描中发现，有类似阿尔茨海默病的表现。有资料显示，16% 的健康青年运动员中存在异常的脑电图。[①] 如今使用的足球重 410～450 克（在雨雪天气、泥泞场地，还不止这个重量），飞行速度平均每小时超过 74 英里，产生的冲击力足够可以使颧骨骨折，这些都是造成脑震荡的因素。

2. 症状及诊断方法

脑震荡的主要的症状有头痛、眩晕、恶心、呕吐、思维混乱、逆行性遗忘甚至意识丧失等，同时注意力、平衡力和记忆力也有不同程度的下降。对怀疑患有脑震荡的运动员，队医在进行初步的注意力和记忆力方面的测试后，应对受伤的运动员进行全面的检查。神经心理学方面的测试是脑震荡评估的基础，使队医既可对运动员受伤的程度有初步了解，还可根据不同的受伤程度来分别管理运动员。对于神经系统的检查，通常采用影像学检查的手段，如 MRI 和 CT 扫描。其他的诊断手段有血液生化方面的检查，如在脑损伤后，可以检测到 S100B，还可做脑脊液检查，看有无红细胞。另外，基因方面的研究对于了解外伤性脑损伤帮助很大。

---

① 罗兴华，冯云辉. 足球运动头部损伤及预防 [J]. 辽宁体育科技，2004（04）：39-41.

3. 预防

公平竞争和严格遵守比赛规则，是减少和预防脑震荡的最重要措施。特别是在比赛中，用肘击打对方运动员应给予严厉的惩罚。因为，各种各样的肘击动作可能造成对方运动员严重受伤，如最常见的脑震荡可以引起严重的神经、精神、心理方面的损伤，有时能彻底改变运动员的一生，甚至结束他的运动生涯。因此，运动员必须严格遵守比赛规则，接受特殊的培训，以提高自身警惕性。举个例子，足球比赛中如何预防脑震荡？在足球运动中，运动员头可能会受到球的巨大冲击，但这个冲击力很快就被前部身体和正确的头球技术所分散和吸收。所以，正确的头球技术至关重要。当足球高速运行碰到头部时，躯干是僵直的，用发际的前额位置（人头骨中最厚和最坚硬的部分）而不是头顶部来迎接这一冲击力，快速地实现动能的转化，迅速地把球击出，给对方致命一击。这实际上可减少对头部的冲击力，从而保护大脑组织。另外，颈部不要过度弯曲，防止颈项部损伤。可以看出，足球运动中最危险的不是足球本身，而是如何正确地利用头部。

对受伤运动员要妥善处理。对于受伤运动员，要保证其充足的睡眠。因为人体在睡眠状态下机体各器官的运动会下降到最低水平。物质代谢减弱，能量的消耗仅可以维持人体代谢的基础水平。这使得合成代谢有所增加，运动时消耗的能源物质逐渐得以恢复。另外，睡眠对大脑皮质细胞来说也可以起到保护的作用。大脑皮质细胞比较脆弱，容易因长期兴奋而产生损耗，所以睡眠能防止大脑皮质细胞机能过度消耗，同时还能促进人体器官机能的恢复。所以，运动员要养成按时睡觉的良好习惯，保证充足的睡眠时间，这样才能加速疲劳的消除，保证正常的训练和比赛，为提高运动成绩创造条件。

二、面部损伤及预防

（一）面部损伤的因素

1. 准备活动不充分

无论是在日常活动还是比赛中，准备活动是必不可少的，只有充分做好准备活动，把身体机能调到最佳状态，才能在运动中达到最佳的状态，减少不必要的损伤。

2.场地器材因素

运动的场地有时候也是造成面部损伤的直接原因。如果训练场地的地板不够平整、较为湿滑很可能会影响到运动中技术动作的发挥；如果佩戴不合适的护具也会影响运动活动，给身体造成一定的损伤。

3.技术因素

在运动比赛中，一定要调整好自身的心态，不要过于急躁，因为心态会影响到技术动作的发挥，如果在进攻时，技术动作发挥失常，不但会影响比赛，也会对自身造成一定的损伤。

（二）面部损伤的预防措施

1.做好活动准备

在运动前做好充分的准备活动，是为了让身体能够充分活动开，避免发生一些不必要的损伤，在比赛或是训练前有专项的教师会带领学生进行一定的准备活动，防止面部损伤的发生。

2.遵循训练的科学性

运动员在训练中一定要遵循教学中的运动理论，而且还要听从教练员的指导，并且结合运动项目的特点，进行运动训练。

三、肩部损伤及预防

（一）肩部的结构及功能

为了更清楚地了解肩部稳定性与肩部活动之间的关系，我们可将肩部肌肉的功能分为稳定肌群和动力肌群。稳定肌群又可分为局部稳定肌群和肩部的整体稳定肌群。

肩关节稳定因素的动力性结构包括肌肉、肌腱。盂肱关节周围肌肉将肱骨头限制在肩胛盂和盂唇的臼内，能起到稳定关节的作用，这其中肩袖及肱二头肌肌腱起主要作用。此外，三角肌产生主要的垂直剪力，肱三头肌长头肌肌腱由后方向加强盂唇，喙肩韧带起于喙突的外侧缘，止于肩峰外侧缘的下方，与肩峰前缘形成喙肩弓，提供肩关节上方的稳定。

肩袖由肩胛下肌、冈上肌、冈下肌和小圆肌组成。肩袖覆盖盂肱关节的前、后及上方，犹如动力性韧带，能够加强肩关节的稳定。轻度外展位下，肩胛下肌腱覆盖肱骨的前方，外展 90 度肱骨头前方的下部无腱性组织覆盖；极度外展位盂肱下韧带提供肩关节前侧的稳定。肱二头肌长头肌腱位于节间沟内，起自盂上结节，上覆以由盂肱上韧带延伸加厚的肱横韧带，全为滑膜包围，滑膜返折形成支持带（腔系膜）悬挂于关节囊上，肌腱虽在关节内，但仍在滑膜外。肱二头肌长头肌腱可以稳定肱骨头。

（二）肩部损伤的类型

竞技体育中的多个项目，如体操、投掷、散打、排球、游泳等，对肩部复合结构会有很高要求，在训练过程中，肩部的运动方式复杂、负荷大，同一个动作重复次数多。在过去的一段时间人们在探讨肩部的损伤时对肩部的局部稳定性给予了很多的关注。

肩关节不管是在人体运动中还是日常生活中，都是活动范围最大、运动量最多的关节。肩关节不仅能够支撑人体平衡，还是强化人体上肢运动能力的关节。正是由于肩关节活动范围大，所以其损伤概率会比较大，为了避免和减少肩关节损伤，就要在日常运动中增强自我防范的意识，多学习一些理论知识，同时在运动中要注重多加强训练肩关节的柔韧性，这些措施不但能够提高运动水平，还能保障人体健康、减少损害的发生。

1. 脱臼

在散打运动中，肩关节脱臼主要是由人体被动跌倒和主动过度牵拉肩关节导致。从散打技法上看，堵截性技法是导致肩关节脱臼的主要原因，属于人体被动跌倒导致的肩关节脱臼。在散打运动中，由于对抗双方在发动进攻时均是全力冲击，当双方身体产生碰触时，双方所释放的力量则会变成反作用力直接传递至发力双方。

能较好控制身体平衡的一方，虽受到冲击，但在短时间内能将所受的反作用力靠身体的平衡能力较好地化解，而不会倒地。而不能较好控制身体平衡的一方，则会发生倒地现象。

在倒地过程中，人体本能保护意识会促使手臂外展外旋，手部成为支撑基点，当手部触及地面时，产生的反作用力会沿上肢纵轴上传至肱骨头。较为多见的是肱骨头可能冲破较薄弱的肩关节囊前壁，向前滑出至喙突下间隙，形成喙突下脱位。

在散打运动中肩关节过度牵拉导致的脱臼，主要是因为人体发动主动攻击时，手臂为控制身体平衡外展外旋角度过大，造成肱骨头对肩峰关节产生猛烈冲击，形成杠杆作用力，导致肱骨向前下部滑脱的盂下脱位。

2. 肩袖撕裂

肩袖撕裂主要是发生在散打运动摔法中。散打运动规定以摔法为进攻技术时，若在 3 秒内无法将对方摔倒，就必须分开。因此，形成散打运动摔法必须在短时间内有效完成。而这意味着人体必须在短时间内调动身体最佳体能与运动能力，并以肩为轴发动攻击。这就体现了肩关节在摔法中的核心作用，也使得肩关节在发动摔法时损伤风险增大。

在人体发动以摔法为攻击技法时，肩关节外展、内旋是使手臂能环绕对方并且控制对方的最佳选择。

因此，肩袖撕裂并不能单纯通过长期训练而避免，必须从生物学角度对肌肉、肌腱、韧带等辅助功能性运动结构进行针对性的营养补充与训练，才能有效降低肩袖撕裂的发生。

（三）肩带损伤的预防

1. 加强思想预防

无论是运动员还是教练员都要认识到，在任何运动中由于各种因素的影响，可能会产生一定的运动损伤。在日常中，运动的出发点是为了增强体质，但是对于专业的运动员而言，他们身上不止是肩部，任何地方都有可能会受到损伤，这就背离了运动的根本目的。

所以在平时训练中一定要加强思想建设，要注意到在运动的过程中会给身体带来哪些损伤，当思想上有了一定的认识后，在平时的运动中也就能避免一些不必要的伤害。

2. 肩部柔韧训练

日常运动中肩部柔韧性的训练也很重要。如果肩部柔韧性较差，那么在运动中发生碰撞，很容易造成肩部的损伤。强化肩部柔韧性训练，不仅能够增强肩部肌群力量，还能在运动中减少或避免肩部损伤。

肩部的柔韧训练也要根据个人的身体素质进行练习，不要急于求成，不然也会在柔韧训练中发生一定的肩部损伤。肩部柔韧训练可以根据活动角度的不同，分为动力拉伸和静力拉伸。

3. 做好肩部拉伸

在任何运动中，适当的休息是运动过程中的必要环节，如果运动过度就会产生疲劳感甚至会造成一定的运动损伤。目前学界普遍认为，好的睡眠休息与伸展、牵拉是恢复和缓解肌肉紧张的最有效办法。对于游泳运动来说，并不是所有的运动员都能保证在上、下午训练之间有一个午睡，可以让运动员的身体机能在一定范围内有一个恢复，而能够弥补这一点的就是在训练前有较好的营养补给、锻炼后有蛋白质的补充、每天吃富含钾的食物，而且对于游泳运动员来说，肩部要具备一定的柔韧性，所以在游泳前一定要对肩部进行拉伸。

4. 注意训练与技术的细节优化

（1）在任何运动项目中，都要熟练掌握技术动作，在日常学习训练中掌握正确的动作要领，在技术演讲和演示中，能够纠正自身不正确的动作。

（2）合理安排运动时间，要避免运动量超负荷，要做到劳逸结合，避免长时间、高强度的运动。

（3）在运动场地的选择上，尽量选择平整、防滑的地面，如果在凹凸不平或是光滑的地面进行运动，很容易造成肩部损伤。

（4）良好的心理素质能够在运动项目中发挥自身的优势，在运动前要充分摄入优质的饮食，保证营养均衡。

（5）尽量选择适宜的天气进行运动，过于炎热和寒冷的天气都不适合运动，尽量避开雨雪天气。

5. 提高技术娴熟度

在任何的运动中，能够有娴熟的技术动作也是避免造成肩部损伤的主要因素。在诸多运动项目中，大多数运动损伤的产生都和自身对运动项目的娴熟程度有分不开的关系，任何的体育运动项目如果想要掌握一定的运动技巧，都需要经过长时间的反复训练，才能够达到一定的效果。

6.做好肩部准备活动

相关调查研究表明，很多人认为在运动中造成的肩部损伤与准备活动没有太大关系，其实不然，在运动过程中任何部位都可能由于没有做好准备活动而造成运动损伤，所以准备活动的重要性不能忽视。

四、腰部损伤及预防

（一）腰部的结构特点

各椎骨的棘突由棘上韧带和棘间韧带连接，形成韧带联合。其有限制脊柱过度前屈的作用。

在运动训练中，腰部损伤有急性和慢性两种形式，即急性拉伤和腰肌劳损。腰部的结构较复杂，腰部软组织主要包括参与和支配脊柱运动的肌肉、肌腱和连接椎体的各条韧带、小关节、椎间盘以及有关的筋膜、滑膜等。在正常情况下，其共同起到连接椎体的作用，并且灵活协调地参与脊柱的功能活动。腰部由 5 块骨头叠加的腰椎和骨盆构成，具有支撑上半身，同时阻止来自下半身的冲击的功能。

腰椎骨形态大致相同，一般分为前方椭圆柱形的椎体和后方半环形的椎弓，二者围成的空间称为椎孔。所有腰椎的椎孔由上而下共同形成人的腰椎管，里面由上而下纵行排列着脊髓发出的马尾神经丛，对支配下肢感觉、运动，维持正常的排便，调节排汗都有非常重要的作用。一旦直接或间接地受到外来突然的刺激、撞击、扭闪或过分牵拉，就会造成腰部的某些软组织损伤。

（二）腰部损伤的常见原因

腰部扭挫伤，俗称闪腰，指腰部筋膜、肌肉、韧带、椎间盘小关节及腰骶关节等软组织突然受到扭、挫、闪等外力作用而发生的急性损伤，它是一种因外力造成损伤引起腰部疼痛及活动受限的一种急性病症。伤后一般会立即出现腰部持续性疼痛，次日也会因为腰部局部淤血肿胀，导致腰部疼痛加剧。有时也会表现为轻微扭伤，当时并无明显痛感，但是次日会感到腰部疼痛，腰部扭转活动感到困难，腰部用力会感到疼痛加剧。

造成活动中腰部损伤的原因很多，如运动前准备活动做得不充分，肌肉关节没有热身充分；运动姿势不正确，肢体动作不协调；突然间的大幅度肢体动作；各种跳跃腾空动作后，落地重心不稳造成踏空失足；巨大的外力冲击；还有各种意外情况造成的腰部损伤。

1. 腰部本身独特的力学结构特征因素

腰关节是全身负重最大的关节，髋、膝、踝关节皆是两侧分担了重力，而腰关节单独支持着全身60%以上的重力。由于腰椎关节承受人体如此大的负荷，因此腰部椎间盘相对于胸部椎间盘大而厚，比胸椎间盘厚5倍。然而有研究表明，仅有韧带和脊椎结构的人体脊柱只能承受不到2公斤或20牛的压力，因此腰部要承受上下肢所带来的负荷就需要腰部周围发达的肌肉来支持。维持腰部稳定主要有三个系统。

第一个是被动骨骼韧带系统，由椎体、椎间小关节、椎间盘和韧带组成。

第二个是主动骨骼肌系统，由肌肉和肌腱组成。

第三个是存在于肌肉、肌腱、韧带中的张力传感器。

由于腰椎间盘大而厚，关节突的关节面几乎呈矢状，因此腰椎段屈伸运动幅度较大，可达到20度，同时限制了腰部侧屈和旋转的幅度。屈伸是腰部最主要的活动。

从上述腰部受力及解剖结构特征可以看出，腰部仅有腰椎这一骨性结构来支撑人体直立以及承担重力和冲击力负荷，这在一定程度上会造成腰部承力结构单一。腰部在承受重力及冲击力负荷的同时，还要完成体育运动各项技术动作的屈伸运动，使腰部难以始终处于最佳承力状态，这会造成腰部稳定性差，从而使腰部损伤的发生也更常见。

2. 准备活动不够完善

准备活动是运动开始前必不可少的一项任务，尤其在冬季更要做好充分的准备才能进行接下来的运动，一般的健身运动只需要身体微微发热即可，而武术作为一种难度相对较高的健身和比赛项目，再加上近些年对竞技武术"高难美"的要求，使得其动作难度和危险性进一步加大，如果没有准备活动或准备活动不够充分的话，就不能充分调动中枢神经系统和内脏器官的兴奋性，身体各部位的机能在没有做好充分准备的情况下，猛然受到超负荷的刺激就会产生不必要的损伤。

在运动中由于腰部的运动幅度较大，故而其承受的作用力也较大，腰腹部的肌肉和关节在没有达到承受大负荷作用力的应激状态时，如果受到瞬间的牵拉和挤压所产生的超量负荷，就会对腰部的肌肉、韧带和关节的生理结构产生影响，严重者还会发生韧带撕裂的现象，所以准备活动的质量也是事关腰部损伤的主要因素。

3. 运动负荷安排得不合理

运动有"冬练三九，夏练三伏"的说法，长时间不间断或重复的训练固然可以提高运动能力和运动水平，例如，可以超量恢复提升运动员的运动能力和承受能力。但是，像持续训练法、重复训练法这种可以实现超量恢复的训练方法的使用，也要建立在运动员的身体素质、运动能力、恢复能力和科学的负荷安排的基础之上。

如果不考虑运动员的实际运动能力和恢复能力而盲目制定训练方法，安排训练负荷，不但不能事半功倍，反而会适得其反，使运动员在恢复期内不仅不能实现超量恢复，还会在下一次训练中过早地出现运动性疲劳的现象，出现精神恍惚的感觉，不能全身心地投入到大负荷的训练中。

4. 训练状态不佳

良好的生理和心理状态可以帮助一个人更好地发挥个人能力，实现既定的目标，尤其在体力和脑力并存的运动训练中更是如此。良好的训练和比赛状态是运动员全身心投入训练或比赛的保障，同时可以提高运动员中枢神经系统的兴奋性和个人的自信心，使其在运动能力方面实现超常发挥。

因此，训练时三心二意、注意力不集中、思想不端正等行为现象，都可能导致运动时中枢神经系统和运动系统不能够及时达到适应高难度、超负荷运动的应激状态而产生机体损伤。

5. 与项目本身技术特点有关

以武术运动为例，武术运动对腰部有很高的要求，如长拳的拳法要求"腰如蛇行"，身体在转、翻、折、弯、俯、仰等运动变化中，不仅需要良好的韧性，而且需要一定的腰腹力量；南拳的发力需要用腰带动，强调腰要柔刚结合；太极拳要求刚柔并济，主宰于腰，因此，在整个武术套路的动作变化之中，都需要腰部力量柔与刚的结合。这样，腰的伸展性大，负荷量相对也随之加大，容易造成棘间韧带损伤、腰肌劳损等症状。另外，为了追求高难度动作，动作幅度过大，腰部承受的负荷超越运动员本身能力范围，也容易造成腰部急性损伤。

有的运动跳跃动作很多，要求跳得高、落得稳，如旋风脚转体接马步，落地时需要腰部肌肉紧张收缩，带动全身发力，落地时几乎没有任何缓冲。因此，会加大腰部的压力与冲击力，稍不注意就会造成腰部挫伤等损伤。

（三）腰部损伤预防措施

预防腰部的运动损伤，首先应该提高运动员腰部解剖结构及生理功能的稳定性。多数腰部损伤的病发机理是腰部组织解剖结构发生变化，以及生理功能发生紊乱。

第一，应该提高控制腰部肌肉的力量，特别是提高维持腰部稳定性的深层小肌肉群的力量。

第二，要注意腰部承受重量时的正确动作姿态。长期的某种错误姿势将使个体从事重复性劳动或维持姿势的稳定性下降，继而容易使腰椎再次损伤。任何技术动作都有最符合人体运动生物力学结构的身体姿势，教练员和运动员应该提高自身的解剖及生物力学知识，不断学习运动技术。

第三，应注意运动员较长时间的调整期及退役后腰部力量的保持。在年度训练大周期中，大负荷的准备期及比赛期之后，如果安排较长时间的调整，应该注意腰部肌肉力量的保持性训练，保持腰部肌肉力量与腰部解剖结构已经达到的稳定状态。

第四，提高重点时期腰部损伤监控的密度。对于长年运动训练来说，专项提高阶段及最佳竞技阶段是运动负荷最大的阶段，应该是腰部损伤监控的重点时期。同时，在日常训练、大负荷量或大负荷强度的训练日、运动员特殊时期、特殊心理状态、运动员适应新的训练环境等，都应该成为腰部损伤的重要监控时期。

随着经济的不断发展，教育的总体水平也在不断上升，作为教师同样要与时俱进，实现教育内容和方法手段的创新，学会运用现代化科技手段，在提高教学效率的同时减少运动损伤的产生，促进套路运动的健康发展。教学和训练前应当制定科学的训练方法、训练内容和训练原则，加强运动员身体素质的练习，尤其是极易产生损伤的腰部等关键部位的练习，从根本上杜绝造成运动损伤的各种潜在危险的存在。

很多人对腰伤不够重视，认为腰扭伤是很常见的，只要骨头没受伤就没事。这种意识是错误的，很多人也因此耽误了对腰伤的最佳治疗时间，导致伤势加剧。腰伤是腰部软组织如肌肉、韧带等损伤撕裂，细胞组织愈合是需要一定时间的，如果处理不及时，受伤处组织细胞愈合不好很容易变成慢性腰痛，到时候处理起来就更为困难了，而且如果受伤的部位恢复不好的话还有可能会对脊柱造成危害。

由于脊柱是身体躯干部位的唯一支柱，是支撑人体的大梁。它的周围缺乏骨性组织，只能靠周围的肌肉、韧带帮助脊柱固定和稳定。如果受伤软组织愈合不佳，肯定会对肌肉的稳固性和脊柱的稳固性造成影响，这样就会影响到人们正常的生活和劳动能力，因此腰扭伤的处理一定要及时。

1. 做好腰部的准备活动

训练开始前应充分活动身体各部位的肌肉和关节，使肌肉的柔韧性、伸展性都达到最佳状态，才能有效预防损伤的发生。准备活动的形式和内容可以因人而异，但必须要有针对性，既要有一般的准备活动，又要有专项准备活动；对于时间和负荷安排，第一要看运动员的自身体质，第二要看运动员自身生理机能和各系统的恢复情况，如果恢复得较好可以适当缩短时间加大负荷，如果仍处在疲劳期则要适当降低负荷，延长准备活动的时间，等运动员的身体状态可以承受大负荷训练的应激性时再开始常规化的训练。

2. 掌握正确的训练方法

在掌握了运动动作技术和技巧的基础后，为了进一步避免危险的发生，还要根据腰部的生理结构特点选择正确适合的训练方法和科学的训练原则。正确的训练方法和科学的训练原则不仅可以提高训练效率，还可以避免损伤的发生，比如运用循序渐进、由易到难的训练原则，可以使初学者既不会因为动作过难而丧失对运动项目的兴趣，也不会因为身体素质差而产生不必要的损伤，反而能激发初学者的学习欲望，在提高训练成绩的同时可以较好地预防损伤的发生。对于有基础的运动员来说，由易到难的训练方法和训练原则也同样重要，其可以保证在充分热身的同时还能提高机体和神经中枢的兴奋性，为完成接下来难度不断加深的动作和套路做铺垫，这样运动员不仅不会感到训练吃力，而且还会有尝试高难度动作的欲望，在难度动作上实现新的突破和创新。

3.合理安排运动负荷

在运动员掌握了正确的技术要领和训练方法后，合理地安排运动负荷能够有效提高运动员的训练效率，提升运动水平和运动能力，避免因运动性疲劳过早出现导致注意力不集中而产生运动损伤。运动负荷的安排也要遵循循序渐进的原则，首先进行小负荷的准备活动，此之前要考虑准备活动的负荷，这要看训练内容的类型和运动员的身体状况，然后进入常规化训练最后再逐渐加大运动负荷。

但是运动负荷的安排也不能一概而论，要因人而异，制定科学的训练负荷对于初学者或特殊体质的人更要详细慎重地安排训练负荷、训练时间和训练内容，以免因运动过量或负荷过大导致运动员生理机能受损，影响其运动能力和身体健康。另外还可以通过慢跑运动、有氧体操、保证充足的睡眠、泡温水浴或按摩等方法积极消除疲劳，加快身体的恢复，为下次训练做好准备。

4.加强运动员思想教育

日常训练不能忽视对运动员的思想教育，要时常和运动员进行思想交流，加强思想教育，端正运动员的学习态度，在教授技术的同时更要注重个人素质的培养，对在训练中出现浮躁心理的运动员及时进行合理的疏导，加强他们自身的积极性和纪律性，使其能够全身心投入到训练或比赛中，避免因麻痹大意而产生机体损伤。

5.加强易拉伤部位的训练

加强易拉伤部位和相对薄弱部位的训练，提高机体的机能水平，是预防损伤的一种重要手段。要加强腰部肌肉的力量训练和柔韧性训练，运用功能训练法，通过一般功能训练法提高肌肉的伸展性和力量，如俯背运动、两头起等都能很好地加强腰部力量，预防腰部损伤。另外，腹肌是腰背肌的对抗肌，腹肌力量的强弱也会对腰部损伤有很大的影响。因此，在加强背肌训练的同时，也要兼顾腹肌的训练，并全面发展全身躯干训练。

五、膝关节损伤及预防

（一）运动中膝关节的主要特点

有两个运动轴——垂直轴与额状轴的就是膝关节，在膝关节当中额状轴主要做的是屈伸运动，额状轴绕着垂直轴做旋转运动，在小腿向前伸直与大腿处于同一水平线上的时候，会受到辅助装置的限制不能够再伸了，这就使得小腿和大腿形成了一个相对稳定的支柱，在垂直轴上运动，并且在屈位的时候股骨关节由滑车转为球形，与此同时，侧幅韧带要放松，不过因为受到了十字韧带的限制，旋外和旋内的幅度不能够太大。

（二）膝关节损伤的原因

1.膝关节生理结构层面的原因

膝关节的生理结构比较复杂，其主要是由大腿下端股骨的关节窝和小腿上端胫骨的关节头以及包围在外面的关节囊等几个部分组成的。并且，膝关节虽然具有关节窝的基本结构，但是关节窝结构不典型，直观来说，就是关节窝非常浅，几乎近似一个平面，这样的结构特点，虽然极大地提高了关节的灵活性，但同时也造成了膝关节稳定性较差的问题。而膝关节稳定性较差，在跆拳道运动中完成各种需要借助膝关节发力的踢击动作时，就很容易因为稳定性较差的问题引发运动损伤。因此，膝关节自身的生理结构特点是跆拳道运动中容易出现膝关节损伤的原因之一。

（1）髌骨劳损和膝内侧副韧带损伤

组成膝关节的骨中包括髌骨，髌骨的存在可以使股四头肌的力臂得到有效的增加，保证伸膝动作能够有一个相对良好的力学条件，当前所说的髌骨劳损主要是指周缘股四头肌腱膜附面部分以及关节的软骨面出现了慢性损伤，就是俗称的髌骨软骨病。因为髌骨的作用十分大，非常重要，所以经常做半蹲动作会使关节的稳定性比较差，在髌骨软骨面承受的摩擦力相对较大时，细胞就会出现损伤和破坏的情况，这就是髌骨出现损伤的主要原因。

副韧带主要是对膝关节内外两侧有加固作用，同时对膝关节的外翻和内翻有非常大的限制作用，内侧副韧带的功能相对比较强大，不过美中不足的是内侧副韧带相对比较薄弱，在武术套路训练中，由于大腿经常会突然内收或内旋，所以膝关节就很容易受到冲击，导致内侧副韧带受到损害。

髌骨劳损是髌骨的周围受到损伤后的慢性磨损，大多数是由屈膝弹跳引起的，而屈膝弹跳最常见的是投篮动作，所以髌骨劳损有"篮球膝"之称。髌骨一旦受伤，用手按压或进行简单的半蹲时，膝关节会伴有疼痛感，并且会出现积水的情况。在篮球运动中，运动员的膝关节必须保持在一定程度才能使其发力。在发力过程中，运动员的膝关节压力会增大，进而压迫到髌骨，如此反复，会使膝关节的软组织细胞破裂，从而使髌骨受伤。

举个例子，在篮球运动中，习惯性动作会直接导致膝内侧副韧带受损。比如篮球运动中全脚掌落地的动作，因缓冲力太大会使膝内侧副韧带拉伤。有时轻微按压膝内侧，会有很疼的情况出现，极有可能是因为部分韧带已经达到撕裂的状态。若外部看起来有红肿，则可能伴有积水现象。如果腿的弯曲幅度降到最低，而且轻微的弹动也会致其疼痛，这很有可能是韧带已经处于完全撕裂的状态。

（2）半月板损伤

在运动中，高空弹跳后落地不稳，很有可能会导致半月板受损。由于落地不稳，重心压力直接偏下某个部位，压力过大，就直接导致韧带变形拉伤。

半月板最主要的功能是传递负荷以及吸收震荡，使相连的骨关节能够得到有效保护，并且使关节的稳定性和关节的内压可以得到调节。需要注意的是，半月板向前移动，而膝关节正在半屈伸位的情况之下进行外旋或内收的时候，两侧的半月板就会出现向前和向后的移动。

正因为如此，膝关节进行屈伸及扭转内外翻的动作的时候，半月板本身就会比较矛盾，其会在胫骨和股骨的中间反复摩擦，出现严重的损伤情况。在武术套路训练中，训练的难度比较大，会使得膝关节的压力增大，再加上一些外在因素的影响，很容易造成半月板和韧带受到损伤。

2.训练层面的原因

训练安排不合理是在运动训练中诱发膝关节损伤的一个重要原因。例如，部分教练员和运动员忽视准备活动的重要性，为了节约时间尽快进入正式训练环节，会将准备活动草草带过；或是部分教练员没有将膝关节损伤的问题重视起来，在准备活动中缺少针对膝关节部位的热身练习等，这都会影响膝关节部位肌肉和韧带的弹性以及延展性，使运动训练中膝关节损伤的可能性大大增加。再如，部分教练员和运动员为了追求训练效果，盲目安排过高的运动负荷以至于超过了膝关节所能够承受的极限，出现了膝关节局部负荷过重的情况，如果长期在这样的情况下开展运动训练，不但很容易造成膝关节磨损等慢性损伤，还极易引发膝关节韧带拉伤等急性损伤。

教练员在训练中起着重要作用。运动员膝关节损伤后没有一些预防措施和防御意识，会直接导致他们的病情加重。有些教练员和运动员还存在误区，认为运动员在比赛中损伤是很平常的事情，甚至还认为损伤会在一定程度上提高运动技能。由于运动员缺乏运动损伤防御措施，再加上运动员的好胜心理，所以在比赛中特别容易发生膝关节损伤。

3. 心理层面原因

运动员心理层面的问题也极易诱发运动员训练中的膝关节损伤。如在跆拳道运动训练中，运动员若出现注意力不集中、情绪过度亢奋或是情绪过度低落等问题，就很容易在完成腿法技术时，出现技术不规范，甚至是技术动作变形等情况，以至于违反人体膝关节的生理结构或发力规律，进而造成膝关节损伤。部分跆拳道运动员缺乏自我保护意识，没有认识到跆拳道运动训练中膝关节损伤的高发性及严重性，也不了解膝关节损伤的发生原因，更没有掌握预防膝关节损伤的必要知识，以至于在跆拳道运动训练中出现了很多本可以避免的膝关节损伤，从而影响训练成效和身心健康。

（三）预防方法

1. 运动负荷要合理的安排

在运动时，一定要根据自身情况合理安排运动量，如果自身机能不够好时，就要适量运动，不要逞强，如果运动量超负荷，不但会对身体造成影响，而且也违背了运动的根本目的。

对于运动员而言，如果运动量超过身体承受的范围，不但达不到训练的目的，而且会对自身造成不必要的伤害，所以为了避免这种情况出现，还是要根据自身的情况合理安排运动量。

如果在运动的过程中出现头晕目眩、四肢无力、注意力不集中等问题，应该立即停止运动，就近坐下休息。如果这种现象能够很快缓解，并且在休息过后得到超量的恢复效果，就能够为运动员提供更多的能量。如果这种现象在短时间内无法缓解，就应该用更长的时间进行体力的恢复，要根据自身情况合理进行运动，不要逞强，不然会对身体产生极大的危害。

在运动过程中，身体产生疲劳感是不可避免的，但是在运动过后，也要采取一些能够有效恢复身体疲劳的措施，让身体机能尽快得到恢复，使疲劳感尽快消除，在疲劳感没有消退之前尽量不要二次运动。例如，在篮球运动中，由于膝关节活动过于频繁，所以在运动过后尽量采取一些有利于膝关节防护的措施，还要注意保暖。

2. 做好膝关节的准备活动

运动前，不仅要加强自身运动的理论知识的装备，还要做好充分的准备活动，在运动前慢跑几分钟，能够加速血液循环，并且有利于韧带和肌肉的拉伸，各个关节也能得到适量的运动，肢体的各个关节得到充分的活动也是为了在运动中起到一定的自我保护作用。适当的准备活动还能够让身体和心理处于一种亢奋的状态，能够在运动中达到最佳的状态。在做完准备活动后不要与运动间隔时间过长，如果间隔时间过长还要再进行一次准备活动。事实证明，在运动前做好适当的准备活动能够减少运动员膝关节的损伤，这也是减少膝关节损伤最有效的途径。

3. 努力改善训练的场地

在运动时，运动的场地也尤为重要。大多数训练场地的地面都是水泥，水泥地面自身存在硬度较大、弹性较低、缓冲作用小等弊端，所以在起跳的过程中这些因素会使膝关节承受过大的压力，增加摔伤的可能性。

有的运动场地是柏油地面，但是柏油地面过于光滑，也会导致在运动过程中运动员跌倒的现象，如果在跌倒的过程中是膝关节直接着地，那么就会造成膝关节损伤。

很多篮球馆的地面都是专业性的木地板，因为这种地板有足够强的弹性，能够在一定程度上减少运动员的损伤。所以，提高训练场地的专业木板化能在一定程度上减少运动员膝关节损伤的概率。

4. 增强自我防范意识

运动员在平时日常运动中，还要加强自我防范的意识，掌握一定的运动技巧以减少一些不必要的损伤，增强自我防范意识也能在一定程度上避免膝关节的损伤。因为只有掌握一些理论知识才能够在运动过程中科学地自我防御，而且在学习理论知识中不仅能够使运动员深入了解训练中的技术和技巧，还能够增强自我防范意识。

六、踝关节损伤及预防

（一）踝关节的结构与功能

踝关节扭伤非常多见，占关节韧带损伤的首位，以球类、田径、体操、滑雪跳伞等项目发生率较高。

由于足部的屈肌力比伸肌大，内翻肌力量相比外翻肌力量大，再加上外踝比内踝要长，所以内翻比外翻活动幅度大。不仅如此，距骨体结构前宽后窄，当足背伸时，距骨会完全进入踝穴，踝关节稳定，因此不易扭伤；但当跖屈时，距骨后面较窄的部分进入踝穴前面较宽的部分，踝关节就相对不稳定，因此容易发生扭伤。篮球训练或比赛中，运动员在做跳投或上篮等腾空动作时，足部离开地面，在腾空阶段，足部就处于跖屈内翻位，若落地时身体重心不稳，身体向一侧倾斜，足部不慎踩在他人的足上、球上或高低不平的地面上时，再加上运动员又缺乏一定的自我保护的应变能力，就会出现足的前外侧着地，足内翻，从而导致不同程度的踝关节损伤。

（二）踝关节损伤的常见原因

机械性不稳是由韧带断裂所致。临床上踝关节韧带损伤所致机械性不稳分三度。一度是部分韧带被拉长，无明显的疼痛；二度韧带部分断裂，伴随关节的不稳；三度是损伤韧带完全断裂。因为韧带连接的是骨与骨。韧带损伤可使关节失去稳定装置。此时需要一些必要的支具，若情况严重还需要手术的干预。一度和二度损伤，可以考虑通过功能运动来改善，不一定需要手术缝合韧带。功能性不稳是指关节活动超越自我控制，但还没有超越生理活动度的极限，只是韧带被拉长，但并没有大面积的撕裂损伤。功能性不稳常见于神经疾病，或韧带天生比较松弛，这个时候可以考虑通过训练改善。

1. 未能做好踝关节的准备活动

在体育锻炼中如果对运动项目本身认识不够充足，或是不够了解运动本身对踝关节会造成什么程度的伤害，也就说明对如何预防运动损伤的认识还不够充足。所以在对运动项目了解不够深入时，一定要做好充分的准备活动。

准备活动的目的是提高中枢神经系统的兴奋性，使之达到适宜的水平，加强各器官系统的活动，克服机能的惰性。通过关节肌肉的活动，加速血液循环，为正式运动充分做好心理和生理上的准备，运动前加强踝关节的活动，可提高其活动范围、灵活性及踝部关节肌肉的力量和弹性。

例如，在篮球运动中，经常会有运动员在运动过程中出现踝关节的损伤，据相关调查发现，其主要是因为运动员在运动前没有做好充分的准备活动。大多数运动员都认为准备活动是可有可无的，正是因为在准备活动中没有拉伸好踝关节的韧带和肌肉，所以在运动中就会有踝关节损伤的可能。

2. 运动场地与踝关节结构的特点

运动场地也是影响运动效果的重要因素，我们在校园中见到最多的运动场地就是操场，大多数的运动场地都是水泥地面，如果运动场地过于狭窄、地面凹凸不平或是湿滑等，都可能在运动时引起踝关节的损伤。

例如，在篮球运动中，如果在凹凸不平或是光滑的地面上进行，若发生重心偏移的情况，就很容易侧摔或是跌落，这样就会造成踝关节损伤，由此可以看出，踝关节的外侧韧带和肌肉力量相对较弱。所以在运动前，一定要正确地了解踝关节的受力情况，才能在运动的过程中避免发生不必要的踝关节损伤。

3. 错误的技术动作

踝关节在篮球运动中是最容易发生运动损伤的部位，由于篮球属于对抗性项目，甚至有时候对抗会很激烈，这样很容易对踝关节造成一定的损伤。在篮球运动中，错误的技术动作会导致踝关节受到一定的损伤。因为在篮球运动中，如果踝关节无法达到一定的力量，就会导致运动员在运球的过程中身体不稳，肌肉无法控制身体的协调，这样就很容易发生侧摔造成踝关节受损。

在篮球运动中造成踝关节损伤的主要原因是运动员缺乏自我保护意识。由于篮球运动强度较大，运动过程中需要频繁移动并且速度很快，这样就会出现激烈的争夺现象，如果和对方发生身体的碰撞，要及时地做出自我保护的动作，不然会增加踝关节损伤的概率，如果身体在起跳落地后重心偏移，十分容易发生侧摔造成踝关节的损伤。

4. 运动量安排不合理

事实证明，适当运动不仅能使身体得到锻炼，而且能够促进人体身心的健康，使人心情愉悦，如果运动量超负荷，不仅会为身体带来一定的负担，而且还会出现一些不必要的运动损伤。

如果在运动过程中过于着急或运动量过大，那么身体的各个器官会有一定的压力，身体的各项机能也会消耗，再加上运动量过大，身体的各个结构会有过多的拉扯和挤压，如果不断积累会产生不必要的身体损伤，如关节、肌肉、骨骼的劳损等。

受伤后或是病后进行大量的运动，会使身体无法承受过重的运动量，造成人体局部组织出现疲惫的状况。因为人们在激烈的运动过程中，肌肉会释放大量乳酸，它会使肌肉降低收缩能力，并且会对肌肉的延展性造成巨大的影响。

5. 穿戴装备的选择

在篮球运动中，高帮篮球鞋有利于保护踝关节，但是有的运动员为了美观或是追求在篮球运动中的速度感，会选择低帮的篮球鞋，这样就会造成踝关节在运动中的损伤概率，由于低帮鞋保护踝关节的性能较低，在起跳落地时，如果脚部与地面没有恰当的结合，或是落到了别人的脚上，就会造成踝关节的损伤，而高帮球鞋能够对脚踝有一个很好的支撑作用，在起跳落地时就会减少踝关节损伤的概率。

6. 气候不适宜导致机体疲劳

如果在过于炎热的天气中运动，身体中的水分会消耗得比较快，产生疲劳之感，各项生理机能也会随之下降，运动能力也会减弱。

在严寒的天气中运动，由于气温较低，人的身体会产生僵硬感，肌肉的兴奋度不够，就会导致肌肉的协调性较差。且气温较低，户外的运动地面也会很硬如果个人的身体机能无法进入兴奋状态，在这种环境中进行剧烈运动很容易造成踝关节的损伤。

如果在气候不适宜的天气中运动，会需要踝关节提供更多的爆发力，这会使身体出现一定程度的疲劳感，也会对踝关节带来一定的伤害，如果在过于炎热或是寒冷的天气中，可以选择在室内运动。

7. 思想认识不足

如果在运动前，没有学习如何预防运动损伤，缺乏预防运动损伤的意识，就会在运动过程中产生或多或少的运动损伤，为了避免这种情况的发生，运动员一定要了解预防运动损伤的措施，在训练中通过一些实践活动进行练习。在运动中，运动员的心理状态也会影响技术动作，如果在运动时过于紧张，就会导致身体的协调性变差，在运动的过程中发生碰撞，如果没有采取有效的防范措施，踝关节就极易受到损伤。

8. 体能因素

当一个人的身体机能和身体状态良好时，其在运动过程中发生踝关节损伤的概率会降低；如果其在身体机能和状态不佳时运动，人体神经系统的感应能力就会变差，身体的协调能力也会降低，肌肉的弹性也会受到一定的影响，在这种情况下就要停止运动。

有的人是由于经常锻炼，身体素质会比较好，而有的人是因为身体素质比较好，才经常运动，但是不管是哪种情况，这两种人在运动时都不容易受伤，因为长时间的锻炼，会使自身保持稳定的运动状态，并且肌肉也能经常处于放松状态。

而对于长时间不锻炼的人来说，身体的运动能力会相对较弱，肌肉得不到长时间的放松，就会有僵硬感，若突然心血来潮想要进行运动，很可能会由于身体状态较差，在运动时反应会变慢，协调性不好，而给身体带来一些损伤。在篮球运动中，如果身体出现疲劳感，中枢神经的兴奋度低，从而导致肌肉承受冲击的强度较差，踝关节在这种情况中就会受到损伤。

9. 应变能力

在日常锻炼中，我们为了达到某种目的，会做出各种各样的动作，这些动作不一定都是正确的，甚至有可能对自身有一定的安全隐患，例如，在篮球运动中，如果在起跳落地后踩到别人的脚上，就会造成身体的倾斜，如果自身协调能力不好，就会发生跌倒，造成踝关节的损伤。在起跳时与他人发生肢体的碰撞，会导致重心不稳失去平衡，如果自身协调能力不错，能够在重心不稳时快速反应紧急转向，那么就会避免对自己或他人造成踝关节损伤。如果在运动中出现不可避免的危险动作，不仅需要我们在平时积累一些能够化解危险运动的常识，还需要自身有较高的紧急应变能力，尽可能控制自己的平衡，把危险程度降到最低。

有些运动项目要求运动员不仅要有良好的身体素质，还要具备面对危险时随机应变的能力，同时也要掌握熟练的技术动作，因为有的动作会降低运动过程中的危险系数，对身体有一定的保护作用。

（三）踝关节损伤的预防

1.提高对踝关节保护的重视程度

在运动的过程中为了避免发生运动损伤，态度也非常关键。运动员只有在了解运动会对踝关节造成什么样的损伤程度，才能够重视对踝关节的保护，并且在日常的运动中会有意识地保护踝关节，避免或减少一些对踝关节有损伤的动作。

无论是在日常生活中，还是体育运动中，运动员都要重视对自身安全的保护，而且不论在哪种情况中，都要注意提高自身的平衡能力和控制能力，提高身体的平衡能力是为了起跳落地后的稳定性，这也是保护踝关节的一种有效措施。

此外，还要加强自我保护意识，及时发现，正确处理损伤，早期治疗，反对带伤训练，防止损伤加重或延误治疗。尤其是在损伤早期，症状较轻，要避免所谓轻伤不下火线、继续坚持训练而延误早期治疗的时机。总之踝关节由于其解剖特点，稳定性差，易发生扭伤，所以，足踝部损伤在体能训练中是常见病、多发病，既往受伤后除非骨折，均认为是小伤小病，一般都能不治自愈。但如果忽视诊治，将可能经久不愈，严重者将会导致创伤性关节炎，甚至致残，因此足踝部的训练损伤应予以足够的重视。

2.加强关节力量

要想在运动中减少或避免踝关节的损伤，就需要运动员加强运动中的防护措施，同时还需要加强对踝关节力量的训练，我们身体中小腿的三头肌和足伸屈肌群是踝关节主要力量的"提供者"。所以在加强踝关节的力量训练中，主要采取负重跳跃和负重提踵的方式进行肌肉的力量训练。

此外，在日常生活中也要注重膝关节周围肌肉的力量练习，其不仅能够增加肌肉的柔韧性，还能够有效预防踝关节的损伤。

3.遵循运动基本规律

每项运动都有其独特的运动规律，所以遵循运动的规律可以在很大程度上避免自身的损伤。在篮球运动中，起跳时双脚向外呈30度～60度的角，并且要保证双脚同时落地，这样能够使踝关节在运动范围内有效控制发力程度的同时保持一定的稳定性，不致因发力过度导致侧摔。此外，还需要学习一些专门的运动保护知识，在学习的过程中提升运动员的自我保护意识。

4. 加强保护踝关节方法的练习

在运动时，为了避免对踝关节造成损伤，应该在运动时多增加一些针对踝关节的训练，如落地屈膝缓冲技术，在篮球运动中落地屈膝缓冲技术能够减少冲击力，减少一些对踝关节的冲击风险。落地屈膝缓冲技术，是让脚掌先落地，因为脚掌先落地会减少对踝关节的冲击力，这样就能够有效地避免运动中踝关节的损伤风险。还有双膝在落地时要收紧并保持一定的弯曲，这样也能够对踝关节有一定的保护作用。

实践证明，如果个人身体素质差或运动时动作不够规范，都有可能对踝关节造成损伤。在日常锻炼中，也可以做一些能够提升踝关节韧带力量的运动，如负重蹲起、压腿等运动，这些动作不仅能够锻炼一定的肌肉功能，还能有效地预防踝关节的运动损伤。如果想锻炼踝关节的韧带和肌肉，也可以采取跳绳和负重摆踝等运动，这些运动能够增强踝关节的力量协调性，同时还能够提升踝关节的功能，从而能够有效预防运动对踝关节造成的损伤。

5. 加强个人平衡能力

运动时，遵循运动项目的特点和规律进行锻炼，才能最大程度地在运动中避免或减少损伤。在运动时要想避免踝关节受到伤害，还需要多加锻炼个人的平衡能力，最重要的是要掌握落地时正确的姿势，在落地时要控制好重心，避免使身体失去平衡，发生侧摔。

以篮球训练为例，当运动员投篮起跳，如果在起跳投篮时呈双腿伸直合并的状态落地，这种状态的平衡能力较差，会对踝关节造成巨大的冲击力，但是如果在起跳时，双脚前后开叉、稍稍弯曲，这样的姿态能够保持身体平衡，这样不仅能够减少对踝关节的冲击力，而且还会减少踝关节的损伤。在篮球运动中，可以利用运动设备加强踝关节韧带和肌肉的功能，提升踝关节的稳定性。

在日常锻炼中，要想提升踝关节的爆发力，就应该加强各个关节的灵活性和柔韧性的训练，关节的灵活性和柔韧性越好，个人的平衡能力就越强，所以在篮球运动中能够有效地避免和减少踝关节的损伤，就要提高个人的平衡能力。但是也不要只重视平衡能力的训练，而忽视身体的整体训练，在运动过程中提高自身综合能力，也是避免发生损伤的关键。

6. 穿戴护具

在运动中，好的运动护具不仅有利于更好地进行活动，还能够对身体有一定的保护作用。例如，在篮球运动中，高帮篮球鞋能够更好地保护踝关节，因为高帮篮球鞋不仅能对脚踝的支撑性高，而且能够更好地包裹脚踝，这是低帮和中帮篮球鞋无法做到的，所以我们能看到专业的篮球运动员在比赛时，穿的都是高帮篮球鞋。对于踝关节力量稍差或踝关节有损伤史的运动员，就应该穿戴护踝或弹力绷带等专业运动护具，并穿高帮篮球鞋。

7. 合理安排运动量

在运动过程中，也要根据自身情况合理地安排运动量，适当的运动量能够起到锻炼身体、愉悦身心等作用，如果运动量安排得不够合理，会使运动量超过身体负荷，就会对身体有一定的损伤。不同的运动项目，要有科学的安排，这样不仅能够提高自身身体素质，也能够在一定程度上避免运动损伤的发生。如篮球运动要避免在潮湿的地面上进行训练，因为极有可能会造成踝关节的损伤。

过于炎热过于寒冷的天气也不适合某些运动的进行，例如，在参加篮球运动时，不仅需要对自身的身体状况做出判断，还要对天气和运动场地做出合理的判断。当身体有足够的力量，并且天气和场地的条件都有利于进行运动，那么可以适当增加运动量，反之就需要减少运动量。

8. 正确的准备活动

我们在运动前，一定要做好充分的准备活动，有的人会认为准备活动是毫无意义的，这种看法是完全错误的。适量的准备活动是为了在运动前让身体有一个适应的过程，尤其是在寒冷的冬天，更应该在运动前进行热身。准备活动也要根据运动的专项特点进行，如果两次运动时间间隔较长，在二次运动前也要再次进行准备活动。

第二节　运动损伤的处理

在体育运动或运动训练中常常会发生运动损伤，给锻炼者或运动员带来很多不便甚至危害健康。损伤的部位、特征及类型均有所不同，了解学习运动损伤的原因、处理方法，对诊断治疗、减轻疼痛和伤后愈合及其处理有一定帮助，可以降低在体育运动中造成的伤害。运动损伤是体育运动过程中所发生的各种损伤。它不是运动员的故意或过失，而是受到不可预测的因素影响，如篮球运动中上篮时落地意外踩到同伴的脚造成踝关节扭伤。常见的运动损伤有踝关节扭伤、膝关节侧副韧带损伤、大小腿肌肉拉伤、手指关节挫伤、擦伤、骨折等，除此之外，肌肉痉挛、运动性腹痛和运动中中暑等运动性疾病也常有发生，这些损伤和疾病的发生有其特定的原因。

一、踝关节扭伤及处理

踝关节扭伤是在外力作用下，关节突然向一侧活动而超过其正常活动度时，引起关节周围软组织如关节囊、韧带、肌腱等发生撕裂。它与运动姿势的不正确造成踝关节持重过度、场地不平、过度扭转以及准备活动不充分等原因有关。踝关节屈位时关节稳定性最差，加之外踝较内踝长0.5厘米且靠后，内侧三角韧带较外侧三条韧带更坚强，因此，外侧受伤概率远大于内侧。踝关节扭伤后，踝关节外侧或内侧会出现迅速的局部肿胀，并逐渐波及踝关节前部。

处理方法：首先要了解运动者踝关节扭伤的过程，判断其受伤程度，采取相应方法处理治疗。轻度伤一般是韧带拉伤，基本没有肿胀，但有疼痛。这时可采用冷敷，即时条件下，用冷水冲洗或在冷水中浸泡15分钟左右，能减轻疼痛，避免皮下毛细血管充血。重度扭伤时，韧带完全断裂失去韧带机能，支配不了动作，关节异常。这时可采用冰敷法：即时条件下，可买冰镇水用布包裹敷于患处。用弹性绷带（可系用的布带）、硬纸盒等包扎，简单固定后送医。注意抬高患处。

二、膝关节损伤及处理

膝关节损伤常以侧副韧带损伤多见，多由直接撞伤或屈膝旋转时突然跌倒引起。当膝关节外翻力受重，内侧副韧带受压向外伸展；当膝关节内翻力受重，外侧副韧带受压迫使膝关节内收。在体育运动中，膝盖承受了人体绝大部分的体重，并支撑我们完成大范围的屈伸、内外旋转动作。例如，在篮球比赛中，跳起上篮时在对方强烈对抗干扰下，体位发生改变造成非正常落地动作；羽毛球接高速球时一脚弹起，另一脚不稳定旋转落地等都会造成膝关节损伤。

处理方法：在膝关节损伤后要立即停止运动，使关节制动，将膝关节放平位，进行常识性的医学观察和判断。内侧副韧带损伤时，压痛点常在股骨内上髁或胫骨内髁的下缘处；外侧韧带损伤时，压痛点在股骨外上髁或腓骨小头处。症状较重者，即时条件下寻求可包扎的布带、冷水、冰镇矿泉水等进行可行性处治，如局部加压包扎及冷敷。可直接用冷水冲，若冰敷要将冰镇水或冰块外层包裹敷于患处，避免冻伤局部组织。制动可利用临时性硬纸壳作为小夹板固定。冷敷能有效减少损伤部位的出血，缩短非正常愈合时间，减轻血肿。24 小时后，拆除包扎固定，据伤情而治，48 小时后可改用热敷，促进局部组织循环。可结合按摩、电疗等物理性疗法治疗，也可进行积极性的运动训练配合恢复。

三、腿部韧带损伤及处理

韧带作为骨连接的辅助装置，由致密结缔组织组成。在骨与骨的连接中，不同部位的韧带有不同的功能，可增加关节的灵活性和稳固性。韧带损伤指在外力作用下，肌肉过度主动收缩或被动拉长所导致的肌纤维损伤或撕裂。大腿中间有身体最长最粗的股骨，股后肌群是跑步的主要发力肌。在跑步后蹬时，如果股后肌群收缩力量不足，承受不了大的"爆发式"收缩的负荷，就容易造成肌肉拉伤。此类损伤在快速短跑训练中发生率最高。

处理方法：发生肌肉拉伤要及时停止运动。轻者抬高患肢，减轻局部毛细血管渗血，24 小时内局部冷敷并加压包扎；重者，疼痛明显，可遵医嘱服止疼药，24 小时后可进行理疗、按摩、针灸等治疗。之后也可配合运动性轻度牵拉恢复机能和力量性积极训练进行康复。若常识性判断肌肉大部分或完全撕裂，应立即制动，即时条件下寻求可用物件进行固定、包扎并送医院进行专业化治疗。

四、出血及处理

（一）出血的分类

血液通过心脏或血管流向组织体腔内、组织间隙和体外的现象，就是出血。出血量、出血部位和速度的变化体现了出血对机体的影响。

出血量不足循环血量的 10% 对人体基本是没什么影响的，但要在短时间丧失血量的20%～25%就会引起急性贫血，等到丧失30%以上则会引起出血性休克。并且，若是重要器官即使出血量不多，也是有生命危险的。例如脑出血，尤其是脑干出血，会因为压迫重要神经中枢使人致死，局部的出血会直接影响功能障碍。因此人体在出血时要按照出血的情况采取方法。

1. 按出血的部位分类

（1）内出血

流出血管的血液没有被排出体外而是留在了体内的现象被称为内出血，其包括组织出血、管腔出血和体腔出血。出血之后首先要做的就是立刻有效地止血，方法一般有药物止血和手术止血两种。

严重的内出血，如胸腔出血、脾脏破裂和脑出血等，应该尽早被识别出来，病人在受伤之后会变得皮肤苍白、表情淡漠、呼吸变浅，出现口渴和湿冷等症状，但从身体上看不出任何伤口。除此之外，如果已经判断出是内出血，要赶紧呼叫120求救，在急救人员赶到之前要时刻观察病人情况，保证呼吸道畅通。虽然内出血在体育锻炼中较少见，我们也应适当掌握相关的急救知识，以备不时之需。

（2）外出血

血液经过皮肤创口流向体外的情况叫外出血，一般常见的情况有刀割伤、碾压伤、外力撞击伤和刺伤等。外出血同样也应该按照出血情况选择处理方法，其主要救治目的就是将血止住。即便是需要急救或需要送到医院治疗，在急救人员到达现场或患者到达医院前，也应使用相应手段控制出血量，为患者争取救治条件和时间。

2. 按出血的血管分类

（1）静脉出血

伤口的流速较慢，流出的血是暗红色且流出较多。

（2）动脉出血

伤口的流速很急，流出来的血是鲜红色且流血量极多，甚至向外喷射。

（3）毛细血管出血

血液从创伤面或创伤口周围渗出，血液呈暗红色且出血量较少，危险性小。

（二）常用的止血方法

1. 一般止血

一般用在伤口出血，消毒之后用敷料覆盖，再用绷带加压包扎就可以了，注意在包扎时的松紧要适度。

2. 指压止血法

用手指将出血的浅表动脉（中等或较大的动脉）压在骨的浅面，达到止血的目的，常用的有以下几种。

面部出血：指压颌外动脉，在下颌角前方约 1.2 厘米的凹陷处，有时需压迫双侧才能止血。

颞部及头顶部出血：指压颞动脉，在耳前、对着下颌关节的颞动脉搏动处。

上肢出血：指压锁骨下动脉。在锁骨上窝、胸锁乳突肌锁骨头的外侧，向后对准第一肋骨压迫。

下肢出血：指压锁骨下动脉，在腹股沟韧带中点，用拇指压向耻骨上支。

手掌、手背出血：一手压在腕关节内侧压住桡动脉，一手压在腕关节外侧压住尺动脉处。

3. 填塞法

可以用最接近消毒的材料或消毒敷料进行覆盖、填塞或压迫，如用刚洗的毛巾、干净的衣物等，以此来止血。这样的方法也有一定的缺点，就是不仅止血不够彻底，还会增加感染的概率。

4. 抬高患肢止血法

通常四肢出血需要用抬高伤肢法。方法是抬高患肢，一般出血点要高于心脏，使出血部位血流量减少，血压降低，目的就是为了减少出血量。这种方法通常和加压包扎一起使用，对小血管的出血有效，对较大血管的出血则只能作为辅助的止血方法，使用范围适用于毛细血管和四肢小静脉出血。

五、擦伤及处理

擦伤指皮肤表面受粗糙物摩擦所引起的损伤，如因跑步中场地不平，高强度竞赛中体力不支，篮球、足球赛中激烈对抗，排球的跃起救球等导致的不同性质摔倒所产生的擦伤，通常是指运动中因各种不慎摔倒所致的开放性损伤，尤其以快速跑摔倒擦伤最为严重。

处理方法：发生擦伤时，若创口浅、面积小，即时条件下可用凉开水洗净创口，将衣、裤挽起以避免摩擦，到医务室进一步用生理盐水、酒精处置伤口，涂抹红、紫药水，不需包扎。过度包扎会导致伤处透气性不足，反而不利于伤口愈合。关节处擦伤不宜用暴露疗法，免得局部皮肤干裂出血，影响关节运动。

六、骨折及处理

骨折指骨结构的连续性完全或部分断裂。骨骼在受到外力强烈碰撞、运动动作严重错误、进行粗暴危险动作时都会导致骨折。在学校的体育实践中，骨折是比较严重的损伤，如足球比赛时危险的铲球动作、体操过程中掉落器械等都易导致相应部位突发骨折，但只是少数个案。

处理方法：骨折通常有两种类型，即外骨折和内骨折，学校体育中一般内骨折比较多见，内骨折是指断骨没有刺穿皮肤或裸露在外的伤情。初始判断，触动受伤部位疼痛剧烈难忍这时的即时处治要尽量规范，不能随意搬动伤者。因患部一定有内出血或淋巴液渗出现象，此时搬动，患处会加速肿起，延误后期治疗。应抬高患处部位，即刻采取冷敷，进一步加强"冰敷"可减轻疼痛和渗血；挪动就医，即时条件下寻求硬纸板、布带等，先将患处简易固定，用弹性布带包扎，不让部位活动，然后速送医院进行专业治疗。

七、肌肉拉伤及处理

肌肉主动强烈的收缩或被动过度的拉长所造成的肌肉细微损伤或部分撕裂或完全断裂，称为肌肉拉伤。在体育运动中，大腿后群肌肉的拉伤最为常见，此外，大腿内收肌、腰背肌、小腿三头肌、上臂肌都是肌肉拉伤的好发部分。如果肌肉完全断裂者，受伤当时可听到撕裂声，且肿胀明显，皮下淤血严重，局部可能触及凹陷或一端异常隆起。

处理方法：肌纤维部分断裂者，早期用冷敷、加压包扎、外敷新伤药，把损伤肌肉置于放松位置以减轻疼痛。24 小时或 48 小时后开始在患部周围运用揉、捏等按摩手法作轻按摩。开始手法宜轻，以后用力逐渐加重，并可在伤部进行按摩，同时点压周围的穴位。亦可局部注射肾上腺皮质激素类药，以抑制结缔组织增生，减少疤痕形成，但组织断裂者禁用。

对肌肉、肌腱完全断裂者，可局部加压包扎，固定患肢后，立即送医院手术缝合。

八、脑震荡及处理

脑震荡是颅脑损伤中最轻的一种急性闭合性损伤，是指头部受到暴力作用后，脑的神经细胞和神经纤维因震荡而引起大脑暂时的机能障碍。

在体育运动中，脑震荡多发生在拳击、球类、体操、田径、武术等项目中，一般是头部被钝物打击或撞在硬性物体上所致。受伤后意识立即丧失，一般在数分钟到半小时内清醒，全身肌肉松弛，腿反射减弱或消失。伤员对受伤的经过，甚至对受伤前一段时间的事物不能回忆，称为"逆行性遗忘"。伤员还有头晕、头痛、恶心、呕吐等症状，多在数日后逐渐恢复。

脑震荡可单独发生，亦可和其他颅脑损伤（如脑挫伤、颅内血肿、颅骨骨折等）合并存在，故对脑震荡应引起足够重视，要严密观察其病情的变化，以免漏诊严重的颅脑损伤。

处理方法：对脑震荡伤员应首先进行急救，立即让伤员平卧，保持安静，保暖，不可随意搬动或让伤员坐或站立。对昏迷不醒者，可掐人中或嗅氨水使之苏醒。在急救观察时，如发现伤员有以下症状之一者，提示可能有严重的颅脑损伤，应立即送往医院处理。

（1）昏迷时间在 5 分钟以上。

（2）耳、口、鼻有出血或流清水，或眼球、咽喉壁出现青紫现象。

（3）两瞳孔不对称或散大；清醒后头痛、呕吐剧烈、抽搐，出现第二次昏迷。对单纯脑震荡的伤员，可卧床休息 1～2 周，并给予适当药物治疗，脑力即可逐渐恢复。对合并颅脑损伤者，应送医院诊治。

九、运动中腹痛

（一）运动中腹痛的症状

在运动过程中，腹部出现钝痛、胀痛或绞痛，轻者仅觉不适，但可坚持运动；

重者疼痛难忍，只好退出运动。腹痛在中长跑、竞走、自行车等运动中尤为常见。

（二）处理方法

锻炼时膳食安排合理，加强全面身体训练，饭后要过 1.5 小时左右才进行剧烈运动，运动前不宜过饥或过饱，也不要饮水太多。要充分做好准备运动，运动时要注意呼吸节律，中长跑时要合理分配速度。

运动中出现腹痛应减慢运动速度和降低运动强度，加深呼吸，调整呼吸和运动节奏，用手压按疼痛部位，或弯着腰跑一段距离，一般疼痛即可减轻或消失，若无效或疼痛反而加重，就应停止运动，口服解痉药物如颠茄片、阿托品等，针刺或掐点足三里、内关等穴位，或进行腹部热敷，如仍无效，则需请医生诊治。

十、运动性晕厥

（一）运动性晕厥的症状

先是出现全身乏力、头晕、耳鸣、眼前发黑、面色苍白等前驱症状，紧接着失去知觉突然倒地，出现手足发凉、脉搏慢而弱、血压下降、呼吸缓慢、瞳孔缩小等症状。

（二）产生的原因

1. 心输血出量减少

平时缺乏锻炼者，突然参加较大运动量的锻炼，心脏机能一时跟不上运动需要，加上技术水平低、动作不协调、憋气等，造成血液回流量减少，心输血量也随之明显减少，因而出现暂时性脑缺血。

2. 重力性休克

如久站不动、久蹲突然起身、跑步后突然停止活动等，均可因重力作用使血流量减少而形成脑缺血。

（三）处理方法

坚持锻炼，增强体质。久站时，要经常交替活动下肢。久蹲后不要突然起立，要缓缓站起。做力量型运动时要注意呼吸和动作的配合，避免过度憋气。

有前驱症状时，应下蹲或卧下休息片刻，可避免发生昏倒。已晕厥者应使其平卧，头低足高，解松衣领，注意保暖，下肢做向心性推揉按摩。不醒者可指掐或针刺人中、百会、涌泉、合谷等穴，或嗅氨水，一般可醒。对停止呼吸者，可做人工呼吸，此时要注意防止痰液或呕吐物阻塞呼吸道。

十一、中暑

（一）中暑的症状

1. 热射病型

在中暑先兆时，体温正常或略有升高，头昏，头痛，烦躁惊慌，全身无力，口渴舌干，恶心，大量出汗。若不及时处理，则继续发高热，体温可达40℃以上，出现皮肤灼热、无汗，面色潮红，脉搏快而弱，抽搐、瞳孔缩小等特征，如不及时抢救，可因循环呼吸衰竭而死亡。

2. 热痉挛型

肌肉痉挛、疼痛，痉挛从小腿腓肠肌开始，向上肢和腹部肌肉扩展，多为阵发强直性、对称性痉挛。体温一般不高，神志清醒，大量出汗，口渴，尿少，血液浓缩，尿中氯化钠降低。

3. 日射病型

它是因日光直接照射头部引起机体的强烈反应，表现为呼吸和周围循环衰竭现象。体温升高可能不明显，出现头痛、头晕、眼花，重者可昏睡。检查时脉搏细而快、血压降低等。

（二）处理方法

夏天炎热季节时要安排好锻炼时间，避免在一天中最热的时段进行，锻炼过程中要有适当休息。安排好炎热天气的锻炼和比赛的营养和饮水，主要注意适当增加食物中蛋白质的供给量，额外增加维生素B、维生素C的补充，合理摄入水盐饮料，但宜少量多次，禁止一次暴饮。注意运动环境的通风和降温。加强适应性锻炼，提高适应高温的能力。

当发现患者中暑时，要使患者迅速离开热环境，到阴凉通风处休息，静卧，头稍垫高，解松衣服扇风降温，头部可冷敷，上身用温水擦浴按摩，忌用冷水降温。对昏迷者，可先按晕厥救法救醒，保持呼吸道畅通，测量血压、脉搏，饮些冷开水或淡盐水等，严重者要及时送往医院抢救。

在运动中，首先要培养正确的运动方法，建立正确的运动模式，加强健康教育的知识普及，树立健康教育的意识。远动员要正确穿戴运动装备，对易伤部位加强练习。运动损伤后要能正确判断伤情，做出正确处理，及时送医院诊治。

参考文献

[1] 谭成清，李艳翎. 体能训练 [M]. 长沙：湖南师范大学出版社，2012.

[2] 徐洋. 游泳体能训练 [M]. 哈尔滨：东北林业大学出版社，2022.

[3] 刘阳，王鑫刚，薛铭. 体能训练理论分析与专项体能训练实践 [M]. 北京：九州出版社，2021.

[4] 王保臣. 体能训练评测方法与应用 [M]. 天津：天津社会科学院出版社，2021.

[5] 侯向锋. 体育教学与篮球体能训练研究 [M]. 长春：吉林出版集团股份有限公司，2022.

[6] 杨前，陈志为. 青年科学体能训练手册 [M]. 广州：华南理工大学出版社，2020.

[7] 田学礼. 青少年运动员体能训练方略研究 [M]. 长春：吉林出版集团股份有限公司，2020.

[8] 王素改. 田径体能训练的研究 [M]. 北京：光明日报出版社，2016.

[9] 赵艳艳，杨帆，毕汉鸿. 田径体能训练优化性研究 [M]. 北京：光明日报出版社，2015.

[10] 李忠. 军人体能训练 [M]. 长沙：国防科技大学出版社，2015.

[11] 康灵，林松，李玲，等. 中国身体功能训练研究的热点、问题与展望 [J]. 成都体育学院学报，2021，47（01）：125-130，136.

[12] 张良力，袁运平. 对体能训练的发展趋势与我国竞技体育体能训练中存在问题的探讨 [J]. 广州体育学院学报，2009，29（04）：74-78.

[13] 吴新怡，蒋宏宇，张江福，等. 青少年体能训练研究热点及演进脉络分析 [J]. 四川体育科学，2022，41（02）：86-90，127.

[14] 孔凡明，米靖，马杰. 体能训练新方法推介——递减负荷训练的释义与应用 [J]. 中国体育科技，2022，58（10）：3-8.

[15] 徐培武 . 功能性体能训练对大学生身体素质的影响 [J]. 吉林广播电视大学学报，2023（01）：16-18，57.

[16] 彭楚辉，贺道远，李军 . 网球运动专项体能训练研究 [J]. 当代体育科技，2022，12（27）：32-35，39.

[17] 王启东 . 体能训练在高中体育教学中的创新探索 [J]. 亚太教育，2022（06）：73-75.

[18] 张俊杰，李会超，郭成根，等 . 现代体能训练理念与方法融入高校公共体育的现状与对策 [J]. 中国学校卫生，2021，42（11）：1605-1608，1612.

[19] 王伟鹏 . 高校体育教学开展体能训练的必要性及对策 [J]. 水利水电科技进展，2022，42（03）：127-128.

[20] 贾舒婷，贺道远 . 体能训练预防运动损伤研究进展 [J]. 当代体育科技，2023，13（02）：50-53.

[21] 吴薇 . 功能性体能训练在北京射击队应用的实证研究 [D]. 北京：首都体育学院，2022.

[22] 黄亚 . 公安特警技战术特征分析及对应体能训练方法研究 [D]. 呼和浩特：内蒙古师范大学，2021.

[23] 杨政盛 . 篮球运动员损伤预防性体能训练理论建构与实证研究 [D]. 北京：北京体育大学，2018.

[24] 郭翠 . 武警战士军事体能训练的运动损伤预防及康复调查研究 [D]. 太原：山西大学，2021.

[25] 刘才镱 . 功能性训练在消防员体能训练中的应用研究 [D]. 太原：山西大学，2021.

[26] 田浩波 . 基础体能训练对青少年 100 米短跑运动员成绩的影响研究 [D]. 北京：北京体育大学，2021.

[27] 杨洋 . 基于模糊层次综合评价法的军队体能训练现状研究 [D]. 武汉：华中师范大学，2020.

[28] 范沛华 . 功能性体能训练对于普通大学生体质健康影响的实证研究 [D]. 北京：中国矿业大学，2022.

[29] 孙越颖．公安院校特警体能训练体系研究 [D]. 北京：北京体育大学，2016.

[30] 杨俊夫．黑龙江省高校短跑运动员肌肉损伤及体能训练优化研究 [D]. 哈尔滨：哈尔滨工程大学，2018.